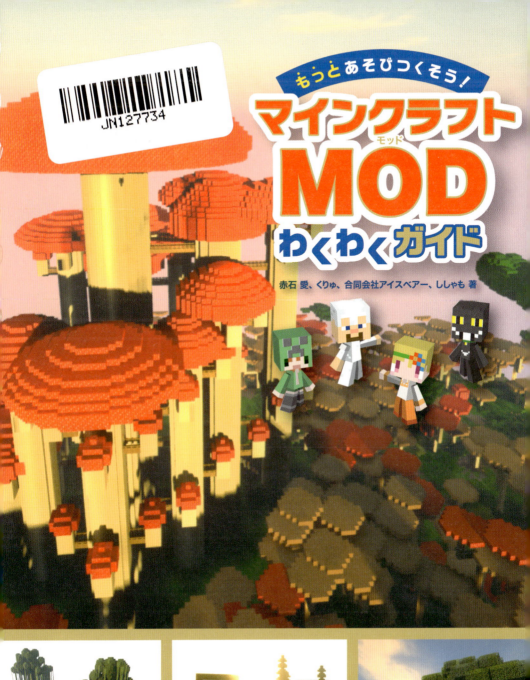

もっとあそびつくそう！
マインクラフト MOD わくわくガイド

赤石 愛、くりゅ、合同会社アイスベアー、ししゃも 著

はじめに

マインクラフトの世界をとことん遊びつくそう！

　マインクラフトは遊びつくしたよ！　知らないことはほとんどないよ！　そんなふうに考えているぐらいマイクラをやりこんでいる人もいるかもしれません。ただ、「マイクラのことが全部わかった！」と言えるうちは、まだ無限に広がるマイクラの世界のほんの一部しか体験していないと言えるかもしれません。それほど、マイクラの世界は奥が深いのです。

　特にマイクラの世界を奥深くしているのが「MOD」の存在です。本書で扱う「Minecraft: Java Edition」ではさまざまな作者によるオリジナル要素（MOD）を追加することができます。MODをなにも入れていないマイクラは「バニラ」と呼ばれていますが、MODを追加するだけで、バニラのマイクラとは全く別のゲームになったと思うぐらい別の楽しみ方ができます。

　新しいブロックやワールドを追加したり、作業を便利にしたり、グラフィックを変えたりするなど、MODではあらゆることが可能です。たとえば、今回ガイドするMODでは家具や豆腐などの新しいブロックやアイテム、Mob、建築に便利なツールなどを追加することが可能です。観覧車やジェットコースターを設置すれば、自作のテーマパークの完成です。また、ヘリコプターや気球、電車などの乗り物を追加すれば、マイクラが戦闘ゲームやフライト、トレインシミュレーターに早変わりです。バニラの難易度に物足りないのであれば、魔術や呪文の世界、手強い敵がたくさんいる世界など、もっとスリルのある冒険に挑むこともできます。

　みなさんが最初にマイクラをやったときには、わからないことがたくさんあって途方にくれたかもしれません。しかし、同時に未知の世界を冒険するときの「どきどき」「わくわく」とした感情が生まれてきたのを覚えていることでしょう。MODの世界を冒険することで、あのどきどき、わくわくした気持ちをもう一度味わってもらえたら嬉しい限りです。

2019年4月吉日

赤石 愛／くりゅ／合同会社アイスベアー／ししゃも

もくじ

ハンパない！　MODの世界！……… 2
はじめに ……………………………… 3

CHAPTER 0 マインクラフトにMODを入れよう

- SECTION 01　MODについて知ろう ……………………… 8
- SECTION 02　MODを導入しよう ………………………… 10

CHAPTER 1 工業系MODで遊ぼう！

- SECTION 01　電気を使って新しい世界を作ろう ………… 20
- SECTION 02　プログラミングをやってみよう …………… 39

CHAPTER 2 魔術系MODで遊ぼう！

- SECTION 01　黒魔術を使って理想の世界を築こう ……… 56
- SECTION 02　魔法使いになって冒険しよう ……………… 66
- SECTION 03　魔力や呪文を使いこなそう ………………… 72

CHAPTER 3 アイテム＆ブロック系MODで遊ぼう！

- SECTION 01　観覧車を回して遊ぼう ……………………… 84
- SECTION 02　大規模建築に挑戦しよう ……………………102
- SECTION 03　豆腐だらけの世界で冒険を楽しもう ………114
- SECTION 04　夢のマイルームを実現しよう ………………130

CHAPTER 4 乗り物系MODで遊ぼう！

- SECTION 01 飛行船を作って空の旅を楽しもう ……………… 140
- SECTION 02 ジェットコースターで遊ぼう！ ……………… 160
- SECTION 03 パイロットになってみよう！ ……………… 180
- SECTION 04 線路はどこまでも続く ……………… 200

CHAPTER 5 ワールド系MODで遊ぼう！

- SECTION 01 さまざまな世界やボスを探検・討伐しよう …… 212
- SECTION 02 美しい黄昏の森で生活しよう ……………… 218
- SECTION 03 雲の上の世界へようこそ！ ……………… 224
- SECTION 04 たくさんの匠を倒そう！ ……………… 230

CHAPTER 6 動物系MODで遊ぼう！

- SECTION 01 かわいいデブネコをお世話しよう ……………… 250

索引 ……………………………… 254
著者プロフィール ……………………… 256

特別袋綴じ 軽量化＆便利系MODを使ってみよう

■ 本書で解説しているMinecraftのバージョンおよび対応OS

本書で解説しているMinecraftのバージョン
・Minecraft Java Edition（Windows、macOS）

対応OS
Windows 10/8/7、macOS

パソコン以外のデバイス（PlayStation® 3/ 4、PlayStation®Vita、Wii U、Nintendo Switch、iOS、Android、Fire、Windows 10 Mobile）には対応しておりません。

■ 本書内容に関するお問い合わせについて

本書に関するご質問、正誤表については、下記のWebサイトをご参照ください。
正誤表　　　　　https://www.shoeisha.co.jp/book/errata/
刊行物Q&A　　　https://www.shoeisha.co.jp/book/qa/

インターネットをご利用でない場合は、FAXまたは郵便で、下記にお問い合わせください。
〒160-0006　東京都新宿区舟町5
（株）翔泳社　愛読者サービスセンター
FAX番号：03-5362-3818

電話でのご質問は、お受けしておりません。

※本書に記載されたURL等は予告なく変更される場合があります。
※本書の出版にあたっては正確な記述につとめましたが、著者や出版社などのいずれも、本書の内容に対してなんらかの保証をするものではなく、内容やサンプルに基づくいかなる運用結果に関しても一切の責任を負いません。
※本書に掲載されているサンプルプログラム、および実行結果を記した画面イメージなどは、特定の設定に基づいた環境にて再現される一例です。
※本書はMojang社の以下のガイドラインにしたがって刊行しています。本書の刊行を可能にしたこのガイドラインに感謝いたします。
　URL https://account.mojang.com/documents/brand_guidelines
※本書はMinecraft公式製品ではありません。本書の内容は、著者が自身で調べて執筆したもので、Mojang社から承認されておらず、Mojang社およびNotch氏とは関係ありません。
※MINECRAFTは、Mojang Synergies ABの商標または登録商標です。
※そのほか本書に記載されている会社名、製品名はそれぞれ各社の商標および登録商標です。
※本書の内容は、2019年2月執筆時点のものです。

CHAPTER 0

マインクラフトに
MODを入れよう

SECTION 01 MODについて知ろう

通常のマインクラフトとは一味違った楽しさがある「MOD」。実際にMODを導入する前に、MODの基本と遊ぶうえで注意したいポイントを紹介します。

MODってなに？

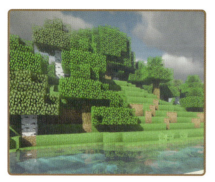

このように、マイクラの世界観ががらっと変わるMODもある

MODとは、導入することによって機能を拡張できるデータやファイル、いわゆるゲームの改造データを指します。マインクラフトのファンが有志で作成したもので、負荷を軽減するものやアイテム／ワールドを追加するものなど、さまざまな種類があります。

本書では、もっとも有名なJava版（旧PC版）に組み込んで使うMODを紹介します。MODはWindows／Macどちらでも利用できます。

MODを使う注意点

- 必ずバックアップを！
- 導入は自己責任で

MODは、公式にサポートされているプログラムではありません。そのため、予期せぬバグやデータの破損などが発生する可能性があります。リスクを十分に理解したうえで、自己責任で利用するようにしてください。また、MODを多数入れるとゲームの処理速度にも影響します。本書では、1つのMODのみ（ただし、CHAPTER 05のSECTION 02は2つ導入）を導入した環境で検証・解説しています。MODの作者さんに感謝し、二次配布などは絶対に行わないようにしましょう。

MODの使い方

- FORGEのダウンロードと インストール（P.10）
- ↓
- 起動構成（バージョンや ゲームディレクトリ）の設定（P.12）
- ↓
- FORGEを入れたマインクラフトを 起動して言語設定をする（P.15）
- ↓
- MODの導入・確認 （P.17）

MODは、通常、プレイしているマインクラフトに組み込めるものもありますが、その多くが直接組み込むことはできない仕様になっています。

そのため、初めにMODを入れる前提として要求されるMOD（前提MODとも呼ばれる）を導入し、その中に遊びたいMODを入れます。

前提MODとしてもっともメジャーなのが「FORGE」というMODで、多くのMODはFORGEに対応するよう作られています。

バージョンに注意

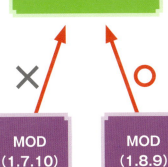

多くのMODは、マインクラフトの最新バージョンには対応していません。そのため、少し前のバージョンでプレイするのが一般的です。特定のバージョンのみ遊べるMODもあります。

また、FORGEにもバージョンがあり、FORGEのバージョンとMODのバージョンを揃える必要があります。遊びたいMODがバージョン1.8.9にのみ対応しているなら、FORGEも1.8.9を用意する必要があるということです。FORGEと遊びたいMODのバージョンが違うと、マインクラフトがクラッシュする原因になります。

次ページから、実際にFORGEやMODのインストールを行います。本書で扱うMODは、基本的に同様の手順で導入できます。

CHAPTER 0 マインクラフトにMODを入れよう

SECTION 02 MODを導入しよう

ここからは、MODで遊ぶのに必要な前提MOD、「FORGE」の導入からMODのインストールまで行います。ここでは例として「ComputerCraft」をインストールしますが、本書で紹介するMODも基本的に同じ流れで導入できます。

FORGEのダウンロードとインストール

URL:https://files.minecraftforge.net

01 FORGEのサイトを開く

まずは、FORGEのサイトを開きます。デフォルトでは、アクセスした時点で最新版のFORGEのダウンロード画面が表示されます。今回は、例としてバージョン1.8.9のFORGEをダウンロードするので、「1.8」をクリックし①、「1.8.9」をクリックします②。

02 インストーラーをダウンロードする

1.8.9のダウンロード画面が表示されます①。「Download Recommended 1.8.9 - 11.15.1.1722」の「Windows Installer」をクリックします②。

本書の環境

本書では、Windows環境で解説します。

03 しばらく待つ

画面右上に「Please wait……」と表示されるので、何もクリックせずに待ちます。このとき、画面下部に広告が表示されますが、マインクラフトとは無関係なので絶対にクリックしないよう注意してください。

04 「SKIP」をクリックする

5秒ほど待つと、「SKIP」が表示されるのでクリックします。

解説で利用しているブラウザ

Microsoft Edgeで解説しています。

05 インストーラーを実行する

インストーラーがダウンロードされるので、「ファイルを開く」をクリックして実行します。

06 FORGEをインストールする

FORGEのインストール画面が表示されるので、「Install client」を選んで①、「OK」をクリックします②。なお、PCにJavaがインストールされていない場合、Javaのインストールを求められることがあります。画面の指示の通りインストールします。

07 インストール完了

この画面が表示されれば、FORGEは正常にインストールされています。「OK」をクリックし、続いて起動構成を設定しましょう。

起動構成の設定

01 FORGE用の新規フォルダーを作成する

通常（バニラ）のマインクラフトとフォルダーを分けるためプロファイルの設定を行います。
まずは事前準備として、デスクトップに新規フォルダーを作ります。「FORGE用のフォルダー」だということがわかるよう、「FORGE」と名前を付けました。

02 FORGEと同じバージョンのマインクラフトを起動する

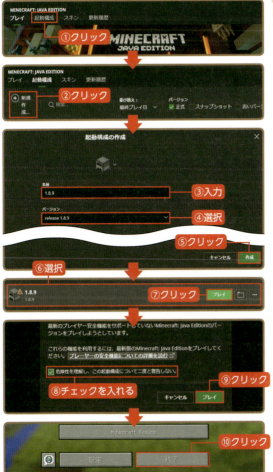

FORGEと同じバージョンのマインクラフトを一度もプレイしていないと、あとの手順でエラーが出るため、一度起動しておきましょう。マインクラフトのランチャーを起動して「起動構成」をクリックします①。「新規作成」をクリックします②。起動構成の作成画面が開くので、「名前」を「1.8.9」として③、バージョンを「release 1.8.9」を選択し④、「作成」をクリックします⑤。起動構成から「1.8.9」を選択して⑥、「プレイ」をクリックします⑦。「最新の…」の画面で「危険性を…」にチェックを入れて⑧、「プレイ」をクリックします⑨。マインクラフトが起動するので、「終了」をクリックして⑩、一度、マインクラフトを終了します。

03 FORGE用の起動構成を作成する

もう一度マインクラフトのランチャーを起動し、「起動構成」をクリックします①。
次に、「MOD導入済み」にチェックを入れて②、「新規作成」をクリックし③、バージョンやゲームディレクトリなどを指定していきます。

04 名前を入力し、バージョンを選択する

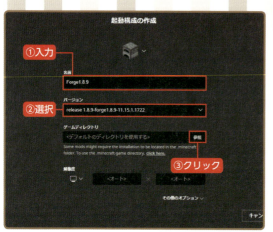

起動構成の作成画面でわかりやすい名前を入力し（ここでは「Forge1.8.9」）①、バージョンを選択します。バージョンはP.12でダウンロードしたFORGEのバージョン（ここでは「release 1.8.9-forge1.8.9-11.15.1.1722」）と同じものを選び②、「参照」をクリックします③。

05 FORGE用のフォルダーを選択する

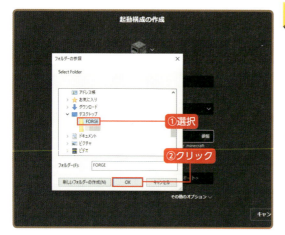

手順01で作った「FORGE」フォルダーを選択します①。このフォルダーには、このあとの手順でMODを入れていきます。フォルダーを選択したら「OK」をクリックします②。

06 起動構成の設定を保存する

内容に間違いがないか確認し、「作成」をクリックします。
設定が完了したら一度、マインクラフトのランチャーを終了してください。

FORGEを入れたマインクラフトを起動して言語設定をする

01 バージョンを選択する

マインクラフトのランチャーを起動して、「∨」をクリックし①（クリックすると「∧」に変わる）、P.14の手順 04 で設定したバージョンを選択します②。

02 「プレイ」をクリックする

正しいバージョンが選択されていることを確認し、「プレイ」をクリックします。
この時点ではデスクトップに作った「FORGE」フォルダーには何も入っていませんが、一度、マインクラフトを起動すると各種ファイルが配置されます。

03 ファイルの読み込みが始まる

画面下部に赤いバーが表示されます。FORGEを導入すると、通常時とは異なる起動画面が表示されます。初回起動時は読み込みに時間がかかるのでしばらく待ちましょう。

04 マインクラフトが起動する

マインクラフトが起動します。画面左下にFORGEのバージョンが表示されます。今回は「1.8.9-11.15.1.1722」をインストールしたので、バージョンは「11.15.1.1722」と表示されています①。「Options...」をクリックして②、言語設定を行いましょう。

05 言語の設定を行う

設定（Options）画面が表示されます。「Language...」をクリックします。

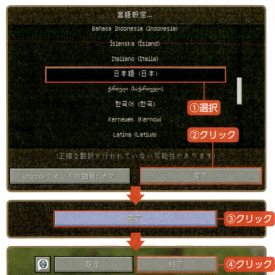

06 使用言語を日本語に設定する

画面をスクロールして「日本語（日本）」を選択し①、「完了」をクリックします②。設定画面で「完了」をクリックします③。

設定が完了したら一度、「終了」をクリックして④、マインクラフトを必ず終了してください。

この一連の作業で、作成したディレクトリ内に「mods」フォルダが自動的に生成されます。

MODを導入／確認する

01 MODの配布サイトを開く

本書では、さまざまなMODを紹介しますが、基本的にMODファイルをダウンロードし、正しい場所へ配置すれば問題ありません。ここでは例として、「ComputerCraft」というMODを入れてみます。配布サイトでダウンロードリンク（ここでは「Download」をクリック）をクリックします。

URL：https://www.curseforge.com/minecraft/mc-mods/computercraft/files

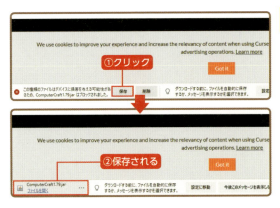

02 MODを保存する

ブラウザによっては、MODファイル（jarファイル）を保存しようとすると、警告が表示されます。「保存」をクリックして①、ファイルを保存します②。

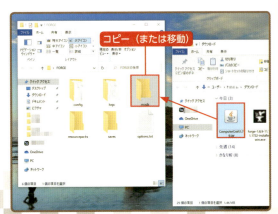

03 MODをコピー（移動）する

手順02でダウンロードしたMODファイルを、デスクトップの「FORGE」フォルダー内にある「mods」フォルダーにコピー（または移動）します。これでMODの配置は完了です。

04 マインクラフトのランチャーを起動する

MODが正常に入ったか確認します。マインクラフトのランチャーを起動し、P.15と同じバージョンを選んで①、「プレイ」をクリックします②。

05 起動画面が表示される

マインクラフトの起動画面が表示されます。インストールされたMODを確認するときは、「Mod」をクリックします。

クラッシュしたら

FORGEとMODのバージョンが異なる可能性が高いのでバージョンが合っているか確認してください。

06 MODリストが表示される

MODのリストが表示されます。手順03でコピーした「ComputerCraft」が表示されているので、正しく設定できたことが確認できました。MOD数が増えてきたときは、キーワードで目的のMODを検索することもできます。これでMODの導入は完了です。気になるMODを入れて遊びましょう！

CHAPTER 1

工業系MODで遊ぼう！

SECTION 01 電気を使って新しい世界を作ろう

IndustrialCraft² Classicは、電気を使った近未来的アイテムを追加できるMODです。マイクラをより便利にしたり、建築をより趣向を凝らしたものにしたりして、自分だけの未来を作り上げましょう。

MOD名	IndustrialCraft² Classic
URL	https://minecraft.curseforge.com/projects/ic2-classic/files
バージョン	1.12.2
前提MOD	Forge1.12.2

素材を集めよう

01 ゴムの木を見つける

このMODを楽しむには、たくさんの素材が必要です。その1つがRubber Tree Sapling（以下ゴムの木）です。まずは湿地帯に行き、ゴムの木を探しましょう。ゴムの苗木も持ち帰って植えます。

02 鉱石を集める

鉱石もたくさん必要です。MODオリジナルのTin Ore（以下すず鉱石）、Copper Ore（以下銅鉱石）、マインクラフト鉱石としてある鉄鉱石、レッドストーンなどの鉱石を集めましょう。鉄のツルハシを持って、Y15以下まで潜って採掘します。

03 精錬する

採掘して手に入れたすず鉱石、銅鉱石、鉄鉱石を精錬しましょう。鉄インゴットはさらに精錬して、Refined Iron Ingot（以下精錬鉄）にします。

04 樹液を取る

採掘から戻ると、ゴムの苗木が成長していることでしょう。さっそく木を伐採してSticky Resin（以下樹液）を取り出していきましょう。

HINT ツリータップで樹液を採取

伐採のほか、Treetap（以下ツリータップ）で幹の黄色い部分を右クリックしても、樹液が取れます。ツリータップは木材5個で作れます。

抽出機を作ろう

01 ゴムを作る

樹液を精錬すると、Rubber（以下ゴム）になります。このあと作成する抽出機を使ったほうがたくさん取れるため、ここではゴムを7個だけ作ります。

02 銅のケーブルを作る

銅インゴット3個でUninsulated Bronze Cable（以下被覆なしの銅のケーブル）を作ります。続いて、被覆なしの銅のケーブル1個とゴム2個でBronze Cable（以下銅のケーブル）を作ります。ここでは7個作っておきます。

03 電子回路を作る

銅のケーブル6個、精錬鉄1個、レッドストーン2個から、Electric Circuit（以下電子回路）を作ります。銅のケーブルの1個はクラフトせず残しておきます。

04 マシンを作る

8個の精錬鉄を四角形に並べて、Machine Block（以下マシン）を作ります。2個作っておきましょう。

05 抽出機を作る

電子回路1個、ツリータップ4個、マシン1個でクラフトすれば、Extractor（以下抽出機）の完成です！　……しかし、抽出機を動かすためには電気が必要です。火力発電機も作りましょう。

06 充電式電池を作る

手順03で残しておいた銅のケーブル1個、そしてすずインゴット4個、レッドストーン2個で火力発電機の燃料としてRE-Battery（以下充電式電池）を作ります。

07 火力発電機を作る

充電式電池、マシン、かまど、それぞれ1個でGenerator（以下火力発電機）が作れます。抽出機の隣りに設置し、何か燃料を入れ、抽出機を使えるようにします。

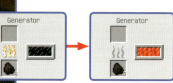

08 抽出機を使ってみる

さっそく抽出機を使ってみましょう。かまどで樹液を精錬するよりもたくさんのゴムが作れるようになりました。また、樹液だけでなくゴムの原木や苗木からもゴムが作れるようになりました。

色んな機械を作ろう

01 粉砕機を作る

火打石3個、丸石2個、マシン1個、電子回路1個からMacerator（以下粉砕機）を作ります。鉱石を粉砕機にかけたのち精錬することで、鉱物が2倍手に入るためです。ここでは石炭から石炭の粉を大量に作ります。

02 電気炉を作る

Electric Furnace（以下電気炉）を作りましょう。鉄のかまど1個、レッドストーン2個、電子回路1個から作れます。

HINT 鉄のかまど

Iron Furnace（鉄のかまど）は鉄のインゴット5個とかまど1個からクラフトします。

03 ブロンズを作る

Copper Dust（以下銅の粉）3個とTin Dust（以下すずの粉）1個から、Bronze Dust（以下ブロンズの粉）が2個できます。それを精錬して、Bronze ingot（以下ブロンズのインゴット）にします。

04 合金インゴットを作る

（図の上から順に）精錬鉄3個、ブロンズインゴット3個、すずインゴット3個から、Mixed Metal Ingot（以下合金インゴット）を作ります。

05 炭素メッシュを作る

石炭の粉4個をクラフトし、Raw Carbon Fiber（以下炭素繊維）を作ります。続いて炭素繊維2個をクラフトして、Raw Carbon Mesh（以下炭素メッシュ）にします。

06 圧縮機を作る

石6個、マシン1個、電気回路1個からCompressor（以下圧縮機）を作ります。圧縮機を作ったら、さっそく炭素メッシュと合金インゴットを圧縮します。それぞれCarbon Plate（以下カーボンプレート）とAdvanced Alloy（以下合金版）ができあがります。

07 アドバンスドマシンを作る

手順 06 でできたカーボンプレート2個と合金板2個、そしてマシン1個から、Advanced Machine Block（以下アドバンスドマシン）を作ります。

08 電気炉を回収する・電動レンチを作る

ブロンズインゴット6個からWrench（以下レンチ）を作り、それと電子回路1個、充電式電池1個から、Electric Wrench（以下電動レンチ）を作ります。電動レンチは、「M」キー＋右クリックでロストなしモードにしておきます。

 電動レンチは回収時に一定の確率で回収対象をロストしてしまいます。ロストなしモードに切り替えると、消費電力が増える代わりに回収対象をロストしなくなります。

09 誘導加熱炉を作る

電動レンチを持った状態で電気炉を右クリックして回収し、それとアドバンスドマシン1個、ブロンズインゴット7個から、Induction Furnace（以下誘導加熱炉）を作ります。これをレッドストーンブロックの上に置きます。

地下を掘削する

01 採掘用パイプを作る

精錬鉄6個とツリータップ1個からMining pipe（以下採掘用パイプ）を作ります。採掘用パイプは採掘機で用います。1m掘るごとに1個必要になるため、多めに作ります。

02 掘削機を作る

採掘用パイプ2個、マシン1個、電子回路2個から、Miner（以下掘削機）を作ります。掘削機を動かすためにはドリル、スキャナー、採掘用パイプが必要です。

03 採掘用ドリルを作る

続いて電子回路1個、精錬鉄5個、充電式電池1個から、Mining Drill（以下採掘用ドリル）を作ります。

04 ODスキャナーを作る

充電式電池1個、電子回路2個、グロウストーンの粉1個、銅のケーブル3個から、OD Scanner（以下ODスキャナー）を作ります。

05 掘削する

掘削機の隣にチェストと発電機を置き、掘削機にアイテムをセットして掘削を開始します。終わったらドリルを回収すると、パイプも回収されます。

①アイテムをセット
②鉱石がチェストに回収される

ダイヤモンドを作ろう

01 石炭の玉にする

圧縮機を作ったときに作った大量の石炭の粉8個と火打石1個をクラフトして、Coal Ball（石炭の玉）に変えます。

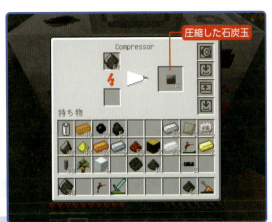

02 圧縮した石炭玉にする

石炭の玉を圧縮機にかけ、Compressed Coal（以下圧縮した石炭玉）にします。

03 石炭の塊にする

圧縮した石炭玉8個と、鉄ブロック、黒曜石、レンガブロックのいずれか1個をクラフトして、Coal Chunk（以下石炭の塊）にします。

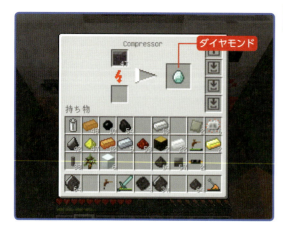

04 ダイヤモンドにする

石炭の塊を圧縮機にかけると、ダイヤモンドになります。

ソーラーファームを作ろう

01 ソーラーパネルを作る

ガラス3個、石炭の粉3個、電子回路2個、火力発電機1個を使って、Sorar Panel（以下ソーラーパネル）を作ります。

02 ソーラーパネルを並べる

拠点の上空に、ソーラーパネルを、20個ずつ、3列ぶん並べます。

HINT 電圧について

電気には電圧があります。装置やケーブルは対応した電圧以上をかけると爆発したり溶けてしまいます。ただし、電圧を高めると「まとめて運べる電気（＝バケット）」が増え、ケーブル通過時の電気の損失はバケットごとに発生するため、電気を運ぶ際は高圧の方が良いのです。電圧を高めて運び、電圧を下げて利用するようにしましょう。

03 超低圧用ケーブルを作る

すずインゴット3個を使ってUltra-Low-Current Cable（以下 超低圧用ケーブル）を作ります。超低圧用ケーブルをソーラーパネル（超低圧）に繋げても大丈夫ですが、誤っても火力発電機（低圧）などに繋がないように気を付けましょう。

04 超低圧用ケーブルでつなぐ

ソーラーパネルを超低圧用ケーブルで繋いでいきます。ソーラーパネルには左の「Shift」キーを押しながら設置しましょう。超低圧用ケーブルは39ブロックまで減衰がありませんので、気にせずつなぎましょう。

05 残りの3方向にも設置する

さらに同じように、残りの3方向にもソーラーパネルと超低圧用ケーブルを設置。これで日中240EU/tickの電気が中央に集まります。

06 下に伸ばす

拠点まで電気を伸ばします。すでに22m使っているので、15mほどで届かなければ、そこで止めます。

07 エナジークリスタルを作る

ダイヤモンド1個とレッドストーン8個で、Energy Crystal（以下エネルギークリスタル）を作ります。

08 金の2倍絶縁ケーブルを作る

金のケーブル1個とゴム2個で、2×Ins.Gold Cable（以下金の2倍絶縁ケーブル）を作ります。

 金のケーブル

金のケーブルは金インゴット3個でクラフトします。

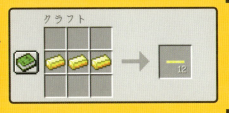

09 MFEを作る

ソーラーパネルは夜間は太陽が当たらないため、電気を作れません。昼間に作った電気を貯めておけるよう、マシン1個、エナジークリスタル4個、金の2倍絶縁ケーブル4個でMFE（Multi-Functional Electric storage unitの略）を作ります。

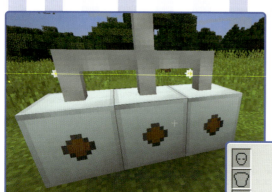

10 電気を集める

ケーブルをMFEに接続して、電気を集めます。MFEを3個、中央に電気が集まるように並べたら、すべてケーブルで繋げます。中圧になるので注意。

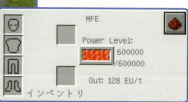

HINT 消費電力を計算する

MFEは128EU/tickの送電が可能です。128EU/tickあれば、大抵の電力は賄えますが、一日あたりで計算すると128EU×24000（マイクラにおける1日のtick数）で約307万EU以上の発電が必要です。ソーラーパネルは1EU/tickですが、夜間は発電しないため、一日あたり13050EUです。計算すると236個以上必要です。また、夜間に電力が尽きないようにするには、153万近くのEUを貯めないといけないため、MFEは3個必要です。

電線を巡らせる

01 グラスファイバーケーブルを作る

高い電圧でも使えて減衰の少ない、Glass Fibre Cable（以下グラスファイバーケーブル）を作りましょう。6個のガラス、2個のレッドストーン、1個のダイヤモンドで作れます。

02 グラスファイバーケーブルを伸ばす

MFEからグラスファイバーケーブルを装置の近くまで伸ばします。減衰しないよう40m未満にとどめます。また、装置がグラスファイバーケーブルとくっつかないように注意してください。

03 低圧変換装置を作る

そのまま装置とつなぐと爆発してしまうので、電圧を下げないといけません。木材4個、銅のケーブル2個、銅インゴット3個でLV-Transformer（以下低圧変換装置）を作ります。

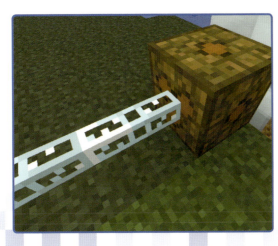

04 電圧を下げる

丸が3つ書かれた面が電圧の高い側（グラスファイバーケーブル側）になるように設置します。丸が1つ書かれた面から低圧の電気が送られます。

05 装置をつなぐ

低圧変換装置の低圧側から銅のケーブルを伸ばし、装置につなげます。銅のケーブルは、減衰しないよう4m以内に収まるようにしましょう。

06 減衰を防ぐ

BatBox（以下バットボックス）を5mごとに挟めば、減衰を防げます。バットボックスは木材5個、充電式電池3個、銅のケーブル1個で作れます。

空を飛ぼう

01 発展回路を作る

電子回路1個、レッドストーン4個、ラピスラズリ2個、グロウストーンダスト2個を使って、Advanced Circuit（以下発展回路）を作ります。

02 電動ジェットパックを作る

精錬鉄4個、発展回路1個、バットボックス1個、グロウストーンダスト2個を使って、Electric Jetpack（以下電動ジェットパック）を作ります。

03 ナノアーマー（ブーツ）を作る

落下ダメージを軽減できるよう、カーボンプレート4個とエナジークリスタル1個で、NanoSuit Boots（以下ナノアーマー（ブーツ））を作ります。

04 充電する

電動ジェットパックとナノアーマーをMFEにセットして、充電します。

05 空を飛ぶ

きちんと装備できたことを確認したら、「Space」キーを押して空に飛び上がりましょう。

06 滑空する

「Space」キーを押しながら「M」キーを押すことで、モードを上昇⇔滑空と切り替えることができます。滑空モードでは着地ダメージも防げます。

可能性は無限大

たくさんの装置、たくさんの電気が作れました。IndustrialCraft² Classicでは、まだまだ上位の発電機や装置、アイテムがたくさんあるほか、土壌や気候を変化させたり、交配させて新しい植物を作ったりもできます。電気を上手くコントロールして、色んなことに挑戦してみてください。

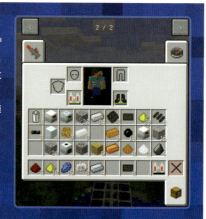

SECTION 02 プログラミングをやってみよう

ComputerCraftは、プログラミングを使って、さまざまなものを自動化したり作り出したりできるようになるMODです。プログラミングをするのが初めてでも、楽しく習得できます。

MOD名	ComputerCraft
URL	http://www.computercraft.info/
バージョン	1.8.9
前提MOD	FORGE1.8.9-11.15.1.1722

コンピューターでゲームをしよう

アドバンスドコンピューター

01 コンピューターを作る

まず、金インゴット7個とレッドストーン（以下RS）1個、板ガラスを使って、Advanced Computer（以下アドバンスドコンピューター）をクラフトします。

02 プログラムの一覧を見る

プログラムの一覧が表示される

どのようなコマンドが使えるのか見てみましょう。アドバンスドコンピューターを右クリックしてでてきた画面に、「programs」と入力して「Enter」キー（途中、入力候補がでますがそのときは、「↑」「↓」キーで候補を選択して、「tab」キーを押すと入力候補のキーワードに確定されます）を押します。すると最初から入っているプログラムの一覧が表示されます。

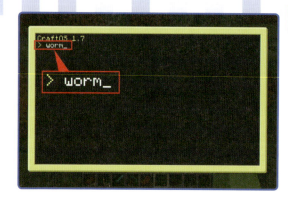

03 ゲームを起動する

続いて最初から用意されているゲームで遊びましょう。手順02の実行結果の一番最後に表示されている「worm」を打ち込んで、「Enter」キーを押すとゲームが起動します。

04 難易度を選ぶ

難易度を「EASY」「MEDIUM」「HARD」から選びます。下に行くほど、難しくなります。最初はEASYがおすすめです。

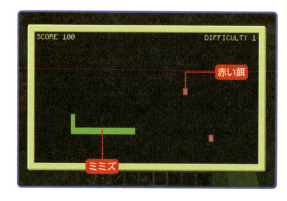

05 wormで遊ぶ

ゲーム画面が表示されます。左下の緑のミミズがプレイヤーです。赤い餌を食べるとミミズが長くなります。どんどん伸ばしていきましょう。

06 ゲームを終了する

ミミズの頭が体に当たるとゲームオーバーです。プレイ中にゲームを終了させたい場合は、「Ctrl」キーと「T」キーを同時に1秒以上押します。

コンピューターとお話ししよう

01 luaを起動する

ComputerCraftでは、luaというプログラミング言語を使っており、プログラムするとコンピューターと話せるようになります。「lua」と打ち込んで、「Enter」キーを押します。

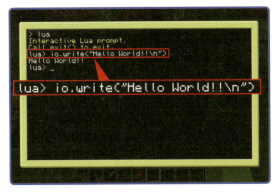

02 文字を表示する

「io.write("Hello World!!\n")」と打ち込んで、「Enter」キーを押します。すると、画面に「Hello World!!」と表示されます。

> **HINT** 文字列について
>
> 言葉や文章のことを、プログラミングでは「文字列」といいます。「"」で囲うことで、文字列として認識してもらえます。
> 「Hello World!!」の部分を別の言葉に変えて入力すると、その言葉が表示されます。文字列の最後に付いている「\n」は、「改行」という意味の文字です。このような特別な意味をもつ文字は「\」が前に付きます。
> ※環境によって「\」の表示が異なりますが、minecraft内ではバックスラッシュで表示されます。

コンピューターでレッドストーン動力を扱おう

上向きに置いたピストン

01 動力の出力を扱う

まずはレッドストーン動力を扱う準備をします。コンピューターが出したRS動力を確認できるように、アドバンスドコンピューターの上に上向きにピストンを置きます。

ピストンを置く

上方から左の「Shift」キーを押しながら置いてください。

02 動力を出す

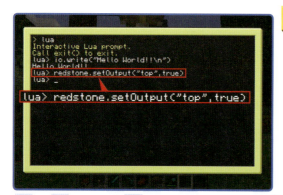

画面を消した場合は再度「lua」と入力します。
動力を出すため、「redstone.setOutput("top",true)」と入力してみましょう。すると、上に強さ15のRS動力が出て、ピストンが伸びます。

03 動力を出なくする

今度は「redstone.setOutput("top",false)」と入力してみましょう。手順02で入力したコマンドの、「true」の部分を「false」に変えるだけです。すると、上への動力がなくなり、ピストンが縮みます。

04 動力の入力を検査する

続いて、アドバンスドコンピューターと隣接するRS動力を調べるために、アドバンスドコンピューターの左にレッドストーンブロックを置いておきます。

レッドストーンブロック

05 動力があることの確認

「redstone.getInput("left")」と打ってみましょう。すると、左に動力があることを示す、「true」が表示されます。左にある動力とは、手順04で置いたレッドストーンブロックのことです。

06 動力がないことの確認

レッドストーンブロックを取り除き、手順05と同じコマンドを打ってみましょう。すると、左に動力がないことを示す、「false」が表示されます。

プログラムを保存しよう

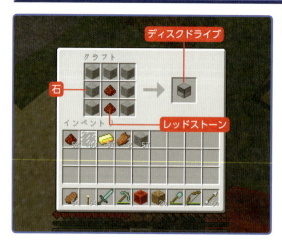

01 ディスクドライブを作る

プログラムを保存するには、Disk Drive（以下ディスクドライブ）が必要です。ディスクドライブは石7個とレッドストーン2個でクラフトできます。

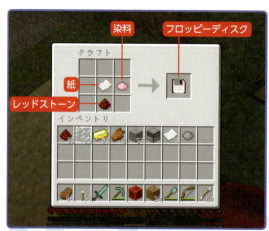

02 フロッピーディスクを作る

プログラムの保存には、Floppy Disk（以下フロッピーディスク）も必要です。フロッピーディスクは紙1個、レッドストーン1個、そしてお好みで染料1個を加えて作ります。

03 ディスクドライブを設置する

ディスクドライブはアドバンスドコンピューターと隣り合わせで設置します。今回はアドバンスドコンピューターの上に置くことにします。

04 フロッピーディスクを入れる

続いて、ディスクドライブに、手順 02 で作ったフロッピーディスクを入れます。

05 フロッピーディスクに接続する

アドバンスドコンピューターからフロッピーディスクに接続します。「Ctrl」+「T」キーでluaの入力モードを切断します。次に「cd disk」と入力すると、フロッピーディスクに接続できます。

06 エディタを開く

保存するプログラムを書きましょう。edit <好きなプログラム名>で開きます。今回は「edit MyProgram」と入力してみます。

07 プログラムを書く

右、次いで左と動力を出すプログラムを書いてみます。「os.sleep()」は指定した秒数停止する命令です。マインクラフトは0.05秒ごとに処理します。

MyProgram
```
redstone.setOutput("right", true)
os.sleep(0.05)
redstone.setOutput("right", false)
os.sleep(0.45)
redstone.setOutput("left", true)
os.sleep(0.05)
redstone.setOutput("left", false)
os.sleep(0.45)
```

08 プログラムを保存する

「Ctrl」キーを押して「Save」を選びます。「MyProgram」という名前でプログラムが保存されます。

ファイルが保存された
ことを確認

09 ファイルを確認する

「Ctrl」キーを押して「Exit」を選び、エディタを閉じます。「dir」と入力すると、どんなファイルやフォルダがあるか確認できます。手順08で保存した「MyProgram」が表示されていれば、正常に保存されています。

音符ブロック

10 音符ブロックを置く

「MyProgram」の動作を確認するために、アドバンスドコンピューターの左右に音符ブロックを置きます。音符ブロックの下にあるブロックの種類によって出る音が変わります（土のブロックであればピアノ、木製のブロックであればダブルベースの音が出ます）。音階は好みで設定してください。

11 プログラムを実行する

プログラム名を入力すると、プログラムが実行できます。今回はMyProgramという名前にしたので、「MyProgram」とします。プログラムが実行され、右左の順に音符ブロックが鳴ります。

制御するプログラムを書こう

例1 繰り返し動作させる

音符ブロックを繰り返し鳴らしてみましょう。繰り返し文の1つにforがあります。iが1から5の整数を取るように繰り返し実行します。

MyLoopProgram
```
for i = 1, 5 do
  io.write(i.."\n")
  redstone.setOutput("right",true)
  os.sleep(0.05)
  redstone.setOutput("right",false)
  os.sleep(0.45)
  redstone.setOutput("left",true)
  os.sleep(0.05)
  redstone.setOutput("left",false)
  os.sleep(0.45)
end
```

例2 条件を付けて動作させる

3の倍数なら右、5の倍数なら左を鳴らしてみましょう。条件はif文を使います。％は余りを取る計算です。==は等しいかどうかです。

MyFizzBuzzProgram
```
for i = 1, 20 do
  io.write(i.."\n")
  if i % 3 == 0 then
    redstone.setOutput("right",true)
  end
  if i % 5 == 0 then
    redstone.setOutput("left",true)
  end
  os.sleep(0.05)
  redstone.setOutput("right",false)
  redstone.setOutput("left",false)
  os.sleep(0.45)
end
```

HINT 変数について

「i」などは変数と呼ばれます。abc = 5と書くと、abcという変数に5を代入する（入れておく）ことができます。変数を使うことで、さまざまな場合に対応することができます。変数には数値や文字列、真偽値（trueやfalse）など、いろいろ入れられます。

例3 条件を付けて繰り返す

繰り返したい回数がわからないような場合にはwhileを使いましょう。左に動力が来るまで、右のドアを開いておくようにしてみます①②③。

```
MyWhileProgram
redstone.setOutput("right",true)
while redstone.getInput("left") == false do
  os.sleep(1)
end
redstone.setOutput("right",false)
```

①事前にアドバンスドコンピューターの左にRS動力を設置。右にはドア（ここではオークのドア）を開けた状態にしておく

②プログラムする

レッドストーントーチ

③レッドストーントーチを置くとドアが閉まる

HINT 演算子について

プログラミングで使われる演算子は普段とは少し異なります。除算が2つに分かれていたり、等号・不等号の書き方が特殊だったりします。

+	足す	=	代入	==	等しい
-	引く	<	より小さい	~=	等しくない
*	掛ける	>	より大きい	or	または
/	商	<=	以下	and	かつ
%	余り	>=	以上	..	文字列連結

パスワードドアを作ってみよう

01 ドアを設置する

開閉したい鉄のドアを設置し、その横にアドバンスドコンピューターを置いておきましょう。今回は右にドアがくるようにします。

鉄のドア

02 エディタを開く

プログラムを書くエディタを開きます。今回は「PasswordDoor」という名前にしてみます。「edit PasswordDoor」と打ち込みます。

03 入力された文字を読み込むプログラムを書く

入力された文字を読み取るプログラムを書いてみましょう。「io.read()」を使います①。「Ctrl」キーを押して「Run」を選んで②文字を入力してみてください③④。

PasswordDoor
```
io.write("Input Password.\n")
input = io.read()
io.write("The input word is "..input..".\n")
os.sleep(3)
```

①入力
②「Ctrl」キーを押して、[Run]を選択

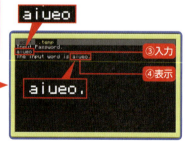

③入力
④表示

例1 ドアを開く

入力されたパスワードをチェックして、正しければドアを開くようにしましょう。パスワードは「HirakeGoma」にしてみます。

PasswordDoor
```
pw = "HirakeGoma"
io.write("Input Password.\n")
input = io.read()
if input == pw then
  io.write("Correct Password.\nThe door will open.\n")
  os.sleep(1)
  redstone.setOutput("right",true)
  os.sleep(10)
  redstone.setOutput("right",false)
else
  io.write("Incorrect Password.\n")
end
```

例2 何度も使えるようにする

何度も使えるように、繰り返し文で囲いましょう。条件なしで繰り返すためには、条件に「true」を設定します。

PasswordDoor
```
pw = "Hirakegoma"
while true do
  io.write("Input Password.\n")
  input = io.read()
  if input == pw then
  (中略)
  end
end
```

例3 変更できるようにする

パスワードは同じものを使い続けると危険なため、定期的に変更するものです。変更できるように設定してみましょう。

PasswordDoor
```
pw = "Hirakegoma"
while true do
  io.write("Input Password.\n")
  input = io.read()
  if input == pw then
    (中略)
  elseif input == "passwd" then
    io.write("Input Current Password.\n")
    input = io.read()
    if input == pw then
      io.write("Input Next Password.\n")
      input = io.read()
      pw = input
      io.write("Password Changed.\n")
    else
      io.write("Incorrect Password.\n")
    end
  else
    io.write("Incorrect Password.\n")
  end
end
```

07 変更してみる

実際にパスワードを変更してみましょう。「passwd」と打ってから、現在のパスワード→新しいパスワードの順に入力します。

CHAPTER 1 工業系MODで遊ぼう！

アドバンスドタートルを使おう

01 アドバンスドタートルを作る

金インゴット7個、アドバンスドコンピューター1個、チェストを使って、Advanced Turtle（以下アドバンスドタートル）を作りましょう。

ランダムに回転する

02 アドバンスドタートルを踊らせてみる

タートルを設置したら、画面を開きましょう。「dance」と打って、「Esc」キーを押して閉じると、アドバンスドタートルがダンスする様子を見られます。

木炭

03 燃料を入れる

アドバンスドタートルに働いてもらうには、燃料が必要です。右のインベントリに木炭を入れたら、「refuel 数値（個数）」で燃料を入れます。

04 装備させてみる

アドバンスドタートルは道具を装備できます。ダイヤのツルハシを1番目に入れて①、「equip 1 left」と入力してみましょう②。ダイヤのツルハシが装備されます。

05 線路を敷いてみる

今度は、真っ直ぐな線路を敷いてみましょう。アドバンスドタートルにさせることが可能な命令は、「help turtle」で見ることができます。レールを5個持たせて実行します①②③④。

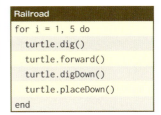

Railroad
```
for i = 1, 5 do
  turtle.dig()
  turtle.forward()
  turtle.digDown()
  turtle.placeDown()
end
```

橋をかけよう

01 設置する

今までの知識を使って、橋をかけてみましょう。砂浜に海に向かってアドバンスドタートルを置き、背中にディスクドライブを置きます。

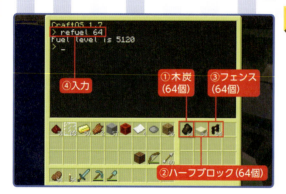

02 補給する

燃料と橋の素材を補給しましょう。左上に木炭（64個）、隣りにハーフブロック（64個）、その隣りにフェンス（64個）を、1番、2番、3番にそれぞれ入れたら①②③、「refuel 64」と打ちます④。

03 エディタを開く

フロッピーディスクをセットしたら、タートルに「cd disk」「edit Bridge」と入力して、エディタを開きます。

04 プログラムを書く

橋を作るプログラムを書きます。同じ処理が並ぶ箇所は、繰り返し文でまとめるようにしましょう。「Ctrl」キーを押して[Run]を選択し、Input Lengthで橋のブロック数を入れます。アイテムの個数を計算して入力してください。「Esc」キーを押すと橋の作成が開始されます。

```
Bridge
io.write("Input Length\n")
input = io.read()
turtle.up()
for i = 1, input do
  for j = 1, 2 do
    turtle.turnLeft()
    turtle.forward()
    turtle.select(3)
    turtle.place()
    turtle.select(2)
    turtle.placeDown()
    turtle.turnLeft()
  end
  turtle.forward()
end
turtle.down()
```

魔術系MODで遊ぼう！

SECTION 01 黒魔術を使って理想の世界を築こう

BloodMagic2では、黒魔術が導入されます。血を捧げることで、さまざまな効果を持ったアイテムや建造物を生み出せるようになります。まるで悪魔のような力を、あなたは手にすることでしょう。

MOD名	BloodMagic2
URL	http://minecraft.curseforge.com/projects/blood-magic
バージョン	1.12.2
前提MOD	Forge1.12.2 Guide-API-1.12

血の祭壇を作ろう

01 鉱石を集める

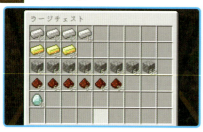

鉄のツルハシを持って、鉱石を集めます。鉄や金、レッドストーン、ダイヤモンドのほか、石もたくさん必要になります。

02 簡素な投げ罠を作る

鉄インゴット4個、レッドストーン1個、糸4個をクラフトし、簡素な投げ罠を作ります。

03 投げ罠を投げつけて倒す

簡素な投げ罠をモンスターに投げつけると70%程度の確率で白いパーティクルが出ます。15秒以内に倒するとDemonic Will(以下デーモニックウィル)を入手できます。

04 血の祭壇を作る

入手したデーモニックウィル1個と、石4個、かまど1個、金インゴット2個で、血の祭壇を作ります。

血を捧げよう

01 広い土地を確保する

最大で23×23ブロックの広い土地が必要になるため、辺りを整地して確保します。後々必要になるので中央付近は5ブロック高くします。

02 生贄のダガーを作る

ガラス5個、鉄インゴット1個、金インゴット1個をクラフトし、Sacrifical Dagger（以下生贄のダガー）を作ります。

03 血を貯める

確保した土地の中央に、血の祭壇を設置します。すぐそばで生贄のダガーを持って右クリックし、祭壇に血を貯めます。

04 業火のかまどを作る

石4個、鉄インゴット2個、金インゴット1個、鉄ブロック1個をクラフトし、業火のかまどを作ります。

05 秘儀の灰を作る

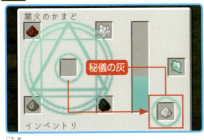

業火のかまどにデーモニックウィルをセットし、レッドストーン、骨粉、火薬、石炭から秘儀の灰を作ります。

06 錬金術魔法陣を描く

秘儀の灰を持って右クリックし、錬金術魔法陣を描きます。レッドストーンを持って①右クリックすると②、魔法陣が変化します③。

07 空の石版を作る

血の祭壇に石を右クリックして設置し、空の石版にします。

08 神託の印章を作る

レッドストーンで変化した錬金術魔法陣に、空の石版を持って右クリックすると①、神託の印章ができます②。

09 血で満たす

神託の印章を持った状態で血の祭壇を見ると、貯まった量を見られます。満タンまで血を貯めておきましょう。

！ 血の祭壇のグレード

血の祭壇には6段階のグレードがあり、作るアイテムによって必要なグレードが変わります。まずは儀式に必要なアイテムを作れるようになるグレード3を目指します。

グレードアップしよう

01 弱いブラッドオーブを作る

血の祭壇にダイヤモンドを右クリックして載せ、弱いブラッドオーブにします。血が不足しないよう十分貯めておきましょう。

02 所有者を登録する

弱いブラッドオーブを持って、空中を右クリックすると、所有者として登録されます。

03 空のルーンを作る

空の石版2個を用意し、それと弱いブラッドオーブ1個、そして石6個から、空のルーンを作ります。これを8個用意します。

04 グレード2にする

①空のルーンに置き換える
②グレードⅡになる

血の祭壇の1段下、3×3ブロックの範囲の中央以外を空のルーンに置き換えると①、グレードⅡになります②。

05 サクリファイスダガーを作る

サクリファイスダガー

血の祭壇に鉄の剣をセットして、サクリファイスダガーを作ります。血の祭壇の横でこの武器で敵を攻撃すると、祭壇に血が貯まります。

06 見習いのブラッドオーブを作る

見習いのブラッドオーブ

レッドストーンブロックを血の祭壇にセットして、見習いのブラッドオーブを作ります。忘れずにオーブを持って空中に右クリックして所有者として登録します。

07 強化された石版を作る

強化された石版

石を血の祭壇にセットします。石→空の石版→強化された石版の順に変化するのを待ちます。

自己犠牲と生贄

血の祭壇で空のルーンとき換えることで、効果を高めるルーンがあります。自己犠牲のルーンは自身の血を、生贄のルーンは倒した生物の血を1.2倍にします。

08 自己犠牲のルーンを作る

空のルーン1個、強化された石版1個、グロウストーンダスト2個、石4個、見習いのブラッドオーブ1個をクラフトし、Rune of Self Sacrifice（以下自己犠牲のルーン）を作ります。

09 生贄のルーンを作る

空のルーン1個、強化された石版1個、金インゴット2個、石4個、見習いのブラッドオーブ1個をクラフトし、生贄のルーンを作ります。

10 ルーンを置き換える

自分の血を捧げる人は自己犠牲のルーンを、ほかの生物の血を捧げる人は生贄のルーンを、血の祭壇の東西南北に位置する空のルーンと置き換えます。

11 空のルーンで枠を作る

ステージ2の土台のさらに1段下に、7x7ブロックの正方形の辺になる位置に、空のルーンを並べます。角はルーンでなくて構いません。ここでは柱状のクォーツブロックを使用しています。

12 柱を作る

ルーンで作った枠の角に、高さ2ブロックの柱を作ります。液体でなければ、どんなブロックでも構いません。

13 グレード3にする

4つの柱の上にグロウストーンを設置すると①、グレードⅢになります②。

儀式をしよう

01 治癒のポーションを作る

次に必要なアイテムは25000もの血を必要とします。血の祭壇が満タンでも足りないので、血を継ぎ足すために、治癒のポーション（Ⅱ）を3個以上用意します。治癒のポーション（Ⅱ）は左図のようにして醸造します。

02 香の祭壇を作る

弱いブラッドオーブ1個、石4個、丸石2個、木炭1個をクラフトし、香の祭壇を作ります。血の祭壇から少し離して置いておきます。

香の祭壇の効果

香の祭壇の近くにいると、所持している生贄のダガーが光ります。その状態で生贄のダガーを使った場合、ハート1個まで残して体力が全て血に変換され、しかも1.2倍になっています。ただし、使用してから20秒間は、反対に血に変換しづらくなるため、体力が満タン付近のときに使うのが効果的です。血の継ぎ足しには不向きです。

03 自己犠牲のルーンに替える

自己犠牲のルーンを用意し、グレード3に使われている空のルーンと置き換えます。自己犠牲のルーンを全部で20個以上にします。

04 魔術師のブラッドオーブを作る

体力を満タンにした状態で、血の祭壇に金のブロックをセットします。治癒のポーションで回復しつつ、1秒おき程度で生贄のダガーを使い続けます。すると魔術師のブラッドオーブができあがります。所有者の登録をしておきましょう。

05 微細なタルタリックジェムを作る

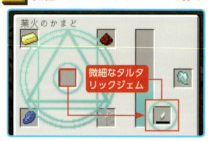

レッドストーン、金インゴット、ガラス、ラピスラズリと、ウィル含有量1以上のデーモニックウィルを業火のかまどにセットして微細なタルタリックジェムを作ります。

06 理力の剣を作る

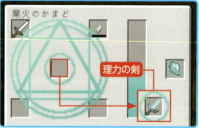

微細なタルタリックジェムと鉄の剣、デーモニックウィルを業火のかまどにセットして、理力の剣を作ります。この剣で敵を倒すと、デーモニックウィルを落とします。

07 ウィルを貯める

微細なタルタリックジェムを持った状態でデーモニックウィルを拾うと、微細なタルタリックジェムにウィルが貯まっていきます。満タンまで貯めます。

08 識別の試薬を作る

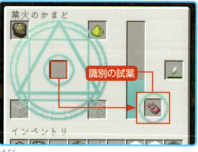

神託の印章をもう1個用意し、それとグロウストーンダスト1個、ガラス2個、そして満タンになったタルタリックジェムをセットしてSight Reagent（以下識別の試薬）を作ります。

09 貯蔵の試薬を作る

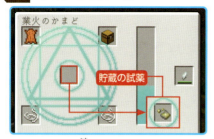

チェスト1個、革1個、糸2個と、満タンになっているタルタリックジェムをセットして、Holding Reagent（以下貯蔵の試薬）を作ります。

10 溶岩の試薬を作る

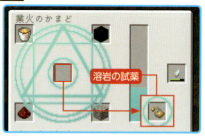

溶岩入りバケツ、石炭ブロック、丸石、レッドストーンと、32ウィル以上残った繊細なタルタリックジェムをセットして、Lava Reagent（以下溶岩の試薬）を作ります。

11 識別の印章を作る

秘儀の灰で魔法陣を描き、識別の試薬、強化された石版の順に持って右クリックします。神託の印章より詳細な情報が分かります。

12 溶岩の印章を作る

魔法陣に向かって、溶岩の試薬、空の石版の順に持って右クリックすると溶岩の印章が出るので、黒曜石集めに用います。

13 染みこんだ石版を作る

血の祭壇に石をセットして、石→空の石版→強化された石版→染みこんだ石版へと変化するまで待ちます。

14 貯蔵の印章を作る

魔法陣に向かって、貯蔵の試薬、染みこんだ石版の順に持って右クリックし、貯蔵の印章を作ります。

HINT 貯蔵の印章の使い方

貯蔵の印章を持って「H」キーを押すと、印章をセットするインベントリが開きます。「Shift」キー＋マウスホイールで、どの印章の効果を出すか切り替えることができます。

15 大気に血を貯める

魔術師のブラッドオーブを血の祭壇に載せた状態で、祭壇に血を入れておくと、血が大気中に貯まっていきます。識別の印章を大気に右クリックすると貯蔵量を確認できます。

16 儀式石を作る

見習いのブラッドオーブ1個、強化された石版4個、黒曜石4個で、儀式石を作ります。

17 マスター儀式石を作る

魔術師のブラッドオーブ1個、儀式石4個、黒曜石4個で、マスター儀式石を作ります。

18 属性筆記具を作る

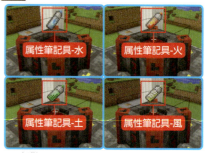

血の祭壇に、ラピスラズリブロック、マグマクリーム、黒曜石、ガストの涙をそれぞれセットして、属性筆記具（水、火、土、風）を作ります。

19 儀式の占い棒を作る

4種の属性筆記具、ダイヤモンド4個、棒1個を使って、儀式の占い棒を作ります。

20 溶岩のクリスタルを作る

弱いブラッドオーブ1個、溶岩入りバケツ3個、黒曜石2個、ダイヤモンド1個、ガラス2個をクラフトして、溶岩のクリスタルを作ります。

21 弱い起動クリスタルを作る

弱い起動クリスタル

溶岩のクリスタルを血の祭壇にセットして、Weak Activation Crystal（以下弱い起動クリスタル）にします。空中を右クリックして契約済みにします。

22 儀式を選ぶ

儀式の占い棒を持って、左の「Shift」キーを押しながら右クリックまたは左クリックをして、飽食の儀式を選びます。なおクリックするごとに異なる儀式が選べます。

23 儀式石を並べる

まず、マスター儀式石を設置します。儀式石を28個以上持った状態で、儀式の占い棒を右手に、マスター儀式石を右クリックしていくと、自動で配置されます。

24 チェストと食べ物を置く

食料をチェストに入れる

マスター儀式石の上にチェストを置き、十分な食料を入れます。

25 儀式を起動する

大気中に100,000LP以上貯まった状態で、契約済みの弱い起動クリスタルを持ってマスター儀式石を右クリックすると、飽食の儀式が起動します。儀式のおかげで、付近では常にHPが自動回復するようになりました。BloodMagic2では、ほかにもたくさんのアイテムや儀式があります。色んな魔術で、便利で素敵な世界を築いてください。

魔法使いになって冒険しよう

SECTION 02

魔法使いになって、マイクラの世界を冒険しましょう。ほとんどの魔法は、宝箱や取引でしか入手できないのでマスターするにはやや時間がかかりますが、強力な魔法を放ったときの爽快感は格別です。

MOD名	Electroblob's Wizardry
URL	http://bit.ly/2TC44qE（短縮URL）
バージョン	1.12.2
前提MOD	Forge1.12.2-14.23.5.2768

魔法の杖を作ろう

鉄以上のツルハシで採掘して入手する

01 クリスタルの花を集める

まずはクリスタルの素材となる花を集めましょう。Crystal Flower（以下クリスタルの花）は、草原や森などの花が咲くバイオームで入手できます。洞窟でクリスタル鉱石を採掘するという入手方法もありますが、かなり深い場所にあるので、初めはクリスタルの花を取るほうが簡単です。

魔法のクリスタル

02 魔法のクリスタルを作る

クリスタルの花を1個クラフトすると、Magic Crystal（以下魔法のクリスタル）が2個できます。Electroblob's Wizardry（以下EW）では、さまざまな局面で魔法のクリスタルが必要になるので、多めに集めておくといいでしょう。

03 Magic Wandを作る

EWでは、杖に魔法を装填すると魔法が打てるようになります。
魔法のクリスタル1個、木の棒1個、金塊1個を図のようにセットしてクラフトすると、魔法の杖が手に入ります。

CHAPTER 2 魔術系MODで遊ぼう！

04 神秘的な作業台を作る

Arcana Workbench（以下 神秘的な作業台）は杖に魔法を装填する際に使うアイテムで、金塊2個、紫色のカーペット1個、魔法のクリスタル2個、ラピスラズリブロック1個、石3個が必要です。
魔法使いの塔にも置いてあるので、塔が近くにあるなら無理に作る必要はありません。

❗ 説明書を作る

EWのThe Wzards Handbook（以下説明書）は、本1冊、魔法のクリスタル1個をクラフトすると手に入ります。魔法のランクや属性（P.69のHINT参照）についての詳しい説明のほか、クラフトで入手できるアイテムのレシピも載っているので、持っておくと便利です。

67

魔法の本を入手しよう

01 基本の魔法を作る

数ある魔法の中で唯一、作業台で作れるのがSpell Book Magic Missile（以下マジックミサイルの本）です。図のように、中央の本を囲むようにクリスタルを4つ配置してクラフトすると、マジックミサイルの本を入手できます。

02 魔法使いの塔を探す

マジックミサイルの本以外の本は、宝箱または魔法使いとの取引で手に入ります。魔法使いの塔は、色の付いた三角形の屋根が目印です。なお、取引できるアイテムは魔法使いによって異なります。

03 魔法使いと取引する

魔法使いの塔を最上階まで上がると、魔法使いがいます。魔法使いにマウスカーソルを合わせて右クリックすると、取引画面が表示されます。たまに敵対する魔法使いがいることもあるので、注意が必要です。

04 魔法の本を入手する

魔法の本を取引するには、クリスタルのほかにエメラルドやダイヤモンドが必要で、その数は魔法が強力なほど多くなります。本にマウスカーソルを合わせると、魔法の名前と属性、ランク(P.71参照)が表示されます。

杖に魔法を装填しよう

01 作業台を使って杖に魔法を装填する

「E」キーを押して神秘的な作業台を開きます。魔法陣の中央に杖を、周囲のスロットに魔法の本をセットして①「Apply」をクリックすると②、杖に魔法が装填されます。なお魔法は一度に複数装填でき、装填されている箇所に別の魔法をセットすると上書きされます。

HINT 魔法の属性

EWの魔法には7つの属性と4つのランクがあり、杖のランクによっては上級の魔法は装填できないので、序盤は注意が必要です(杖のグレードアップ方法についてはP.71の手順 01 を参照)。

炎(赤い文字)	炎や爆発を操る魔法。攻撃力は高いが、ネザーの敵には効かない。
氷(青い文字)	氷を操る魔法。戦闘以外に、川の水を凍らせることも可能。
雷(水色の文字)	雷や嵐を操る魔法。複数の敵にダメージを与えられる魔法もある。
降霊術(紫色の文字)	ゾンビやスケルトンなど、アンデッドを呼び出して戦わせる魔法。
大地(緑色の文字)	地面に罠を置いたり、風を操って攻撃したりできる魔法。防御・補助の魔法もある。
黒魔術(明るい緑色の文字)	周囲を明るくしたり、物の重力を変えるなど、物に変化を与える魔法。
回復(黄色の文字)	自身を回復できる回復系の魔法。

7つの属性

魔法を使いこなそう

01 杖で魔法を使う

杖を持つと、装填されている魔法が画面の左下に表示されます。ここではマジックミサイルが表示されているので、牛に向けて右クリックして撃つと、牛がダメージを受けます。罠などの魔法は地面に向けて撃つなど、魔法の種類によって撃つ方向は異なります。

02 魔法を切り替える

複数の魔法を装填している場合、「N」キーまたは「B」キーを押すと、別の魔法が表示されます。魔法の切り替えは、神秘の作業台でセットした本の順に、「N」キーで時計回り、「B」キーで反時計回りに替わります。

03 スクロールを使う

スクロールの魔法は、一度使うと消えてしまいますが、杖のランクが足りていなくても強力な魔法を使えるというメリットがあります。ここではScroll of Idenfication（以下識別のスクロール）を使って、種類のわからない魔法の名前と属性を識別します。

04 魔法を識別する

識別したい本を持ち物に入れる
使用したスクロールは消える

名前や属性が知りたい本を持ち物欄に入れた状態で、識別のスクロールを装備して右クリックすると、画面の左下に魔法の名前が表示されます。同時に、装備していたスクロールは消えてなくなります。

魔道を極めよう

01 杖のランクを上げる

①魔法の杖をセット
②神秘的な学術書をセット
③クリック

より強力な魔法を使うために、杖のランクを上げましょう。杖のランクを上げるには、取引や宝箱で手に入るTome of Arcana（以下神秘的な学術書）が必要です。神秘的な作業台で中央にランクを上げたい杖をセットし①、左下に本をセットして②「Apply」をクリックすると③、杖のランクが上がります。

Novice	初心者
Apprentice	見習い
Advanced	上級
Master	マスター

杖のランク

02 属性装備を入手する

杖に属性が付くと属性の能力がアップする

入手できるアイテムの中には、属性の付いた武器や防具があります。属性によってアイテム名の色が異なり、装備するとその属性のボーナスが付きます。杖の場合は、装填した同じ属性の魔法の能力がアップしたり、魔力の消費を抑えたりできます。

SECTION 03 魔力や呪文を使いこなそう

Ars Magica 2では、さまざまな魔法や魔法のアイテム、そして、多数の新たなモンスターが導入されます。初めは全く魔法を使うことはできませんが、魔力や呪文を習得していき、大魔法使いになりましょう。

MOD名	Ars Magica 2
URL	http://www.minecraftforum.net/topic/2028696-
バージョン	1.7.10
前提MOD	Forge1.7.10-10.13.4.1558 AnimationAPI-1.7.10-1.2.4

秘儀大全を入手しよう

01 白色の水たまりを探す

液体エッセンスと呼ばれる、白色の水たまりを探しましょう。

02 本を飾る

液体エッセンスの近くに額縁を設置し、本を入れます。

03 しばらく待つ

液体エッセンスから本へ、白い文字が集まっていきます。少し時間がかかることもありますが、しばらくすると本が変化します。

04 秘儀大全を回収する

本を回収すると、Arcane Compendium（以下秘儀大全）になっています。これであなたも一応、魔法使いです。

スキルを習得しよう

01 鉱石を掘る

各地に魔力や魔法の素材となるいくつかの鉱石が生成されています。鉄のツルハシでY10より少し上を掘り返しましょう。

02 オキュラスを作る

石レンガ3個、ガラス1個、石炭2個と、掘ってきたブルートパーズ1個を使って、Occulus（以下オキュラス）を作ります。

03 スキルツリーを見る

右上に数字が書かれているのがわかります。最初は青が3つです。青い文字で表示されるものを確認します①②。

04 魔法の形態を決める

まずはPrjectile（以下射撃呪文）を取ってみましょう。射撃タイプの魔法を作る、ということになります。

05 前提スキルを取る

穴掘りが取りたいので、Touch（以下接触呪文）も取ります①②。

06 効果を決める

Dig（以下穴掘り）を選びます。採掘ができる魔法を作れることになります。

呪文書を作ろう

01 呪文紙を作る

棒と紙を使って、Spell Parchment（以下呪文紙）を作ります。このあと作る文机の材料になります。

02 文机を作る

呪文紙1個、松明1個、羽1個、木のハーフブロック3個、木材2個で、Inscription Table（以下文机）を作ります。

03 本と羽ペンをセットする

文机を右クリックし、呪文書になる本と羽ペンを、中央にセットします。

04 形態を選ぶ

作成する呪文の形態をセットします。射撃呪文を茶色い四角の部分に入れ、ついでに接触呪文も2つめの茶色の枠に入れます。

05 効果を選ぶ

作成する呪文の効果をセットします。まだ穴掘りしかないので、穴掘りを下の灰色の枠に入れます。

06 呪文書を作る

呪文の名前を入力したら①、中央の呪文書を抜いて②、完成です。

呪文を作ろう

01 レシピを確認する

呪文書の3ページ目には、呪文を作るための素材が記されています。すべての素材を集めます。

02 空のルーンを作る

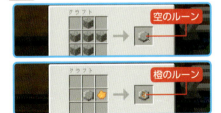

ルーンという見慣れないアイテムがあります。Blank Rune（以下空のルーン）は丸石から作ることができます。Orange Rune（以下橙のルーン）はそれと橙色の染料で作ります。

03 ヴィンテウムの粉を作る

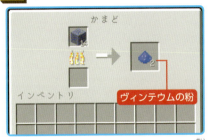

Vinteum Ore（以下ヴィンテウム鉱石）を精錬して、Vinteum Dust（以下ヴィンテウムの粉）を作ります。

04 魔法障壁を作る

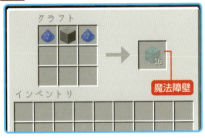

ヴィンテウムの粉2個と石1個でMagic Wall（以下魔法障壁）を作ります。

05 創造の祭壇を作る

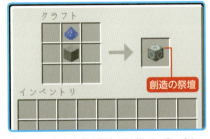

ヴィンテウムの粉1個と石1個で、Crafting Altar（以下創造の祭壇）を作ります。

06 ウィッチウッド木材を探す

白い葉を持つウィッチウッドを探します。なお、この木を育てるときは液体エッセンスと隣り合っていないといけません。

07 書見台を作る

木のハーフブロック3個とウィッチウッドの木材1個で、Lectern（以下書見台）を作ります。

08 祭壇を作る①

ここから祭壇を作ります。まずは丸石とレッドストーンブロックを図のように配置します。

09 祭壇を作る②

続いて丸石とレッドストーンブロック、魔法障壁、書見台を図のように積み上げます。

10 祭壇を作る③

図のように高さを出し（2ブロックの高さにする）、レバーも追加します。

11 祭壇を作る④

丸石と逆さの石の階段を設置します。

12 祭壇を作る⑤

最後にレッドストーンブロック4個と丸石2個、丸石の階段8個、創造の祭壇1個を図のように積み上げれば祭壇の完成です。

13 呪文書をセットする

祭壇に使った書見台に、呪文書をセットします。呪文を持って書見台に右クリックするとセットできます。

14 空のルーンを投げ込む

空のルーンを、祭壇の中央に投げ込みます。祭壇の中央に白い文字が集まってこなければ、祭壇の作り方が間違っています。

15 アイテムを入れる

手順 01 で確認したアイテムを、祭壇へ順番に投げ込みます。

16 名前とアイコンを決める

一度魔法を使用してみます。すると設定画面が開くので、アイコンと名前を決めます。これで呪文の完成です。

17 呪文を使う

呪文を持って、右クリックしてみましょう。弾が飛んで行って、ブロックが壊れます。

18 呪文形態を切り替える

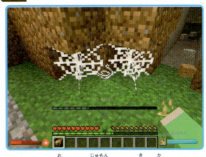

「C」キーを押すと、呪文形態が切り替わります。蜘蛛の巣など射撃が効かないブロックは、接触呪文に変えて右クリックで壊します。

魔法の装置を作ろう

01 オベリスクを作る

模様入り石レンガ1個、石4個、ヴィンテウムの粉4個をクラフトし、Obelisk（以下オベリスク）を作ります。Etherium Conduit（以下エーテリウム）生み出す装置です。

02 カリファクターを作る

ラピスラズリ2個、石4個、レッドストーン1個、ヴィンテウムの粉1個で、Calefactor（以下カリファクター）を作ります。エーテリウムを使う魔法のかまどです。

03 花を集める

森からCerublossom（以下セルブロッサム）という青い花と、砂漠からDesert Nova（以下デザートノヴァ）という真ん中が赤い花を集めます。

04 クリスタルレンチを作る

鉄インゴット3個とセルブロッサム1個、デザートノヴァ1個、そしてヴィンテウムの粉1個をクラフトし、Crystal Wrench（以下クリスタルレンチ）を作ります。

05 設置する

少し広めの場所にオベリスクを、そこから5ブロックほど離してカリファクターを設置します。

06 リンクさせる

クリスタルレンチでオベリスク→カリファクターの順に右クリックします。「Pairing Successful!」と出たらリンクは成功です。

07 鉱石をセットする

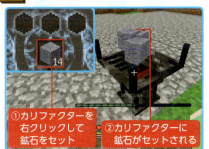

カリファクターに何か鉱石（ここではヴィンテウム鉱石）をセットして置きましょう①②。

08 燃料を入れる

オベリスクは液体エッセンスかヴィンテウムの粉で動きます。液体エッセンスをバケツで汲んで、入れます。

09 魔法技師用メガネを作る

革4個、カイメライト2個、ブルートパーズ2個、金塊1個をクラフトし、Magitech's Goggles（以下魔法技師用メガネ）を作ります。

10 装備する

魔法技師用メガネを装備し、オベリスクやカリファクターを見てみましょう。エーテリウムの量を見ることができます。

11 魔術師のチョークを作る

ヴィンテウムの粉、骨粉、粘土、火打石、紙各1個をクラフトし、Wizard Chalk（以下魔術師のチョーク）を作ります。

12 魔術師のチョークで囲む

オベリスクの周りの地面を魔術師のチョークで右クリックし、チョークの線で囲みます。これで、燃費が良くなります。

13 レンガを設置する

オベリスクを中心にした5×5ブロックの角に、1つの柱につき石レンガ2個と模様入り石レンガ1個を設置します。これで、生成速度が上がります。

14 神秘の混合物を作る

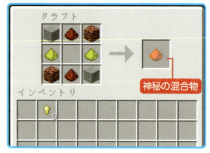

石2個、レッドストーン2個、グロウストーンダスト2個、ネザーラック2個をクラフトし、Arcana Compound（以下神秘の混合物）を作ります。

15 神秘の灰を作る

①神秘の混合物を置くと……
②神秘の灰ができ上がる

手順 14 で作った神秘の混合物を焼き、Arcana Ash（以下神秘の灰）にします①②。

16 マナ電池を作る

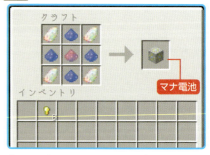

神秘の灰1個、カイメライト4個、ヴィンテウムの粉4個をクラフトしてMana Battery（以下マナ電池）を作ります。エーテリウムを大量に貯めておきます。

17 マナ電池を設置する

マナ電池を、オベリスクから10mの範囲内に設置し、クリスタルレンチでリンクさせます。また、カリファクターともリンクさせます。

クリスタルレンチの使い方

杖の先端が紫のとき、右クリックしたもの同士をリンクします。地面に向かって左の「Shift」キー＋右クリックすると先端が赤くなり、右クリックしたもののリンクを解除できます。エーテリウム供給源に向かって左の「Shift」キー＋右クリックすると先端が緑になり、右クリックしたものとその供給源をリンクします。先端を紫に戻すには、地面に向かって左の「Shift」キー＋右クリックします。

呪文をたくさん覚えよう

01 色付きルーンを作る

空のルーン1個に各種染料や骨粉などを1個使い、色付きのルーンを作ります。まずは紫、白、黄色、黒のルーンを作ります。

02 魔道士の防具を作る

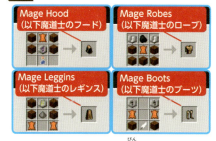

ルーン、茶色の羊毛、水入り瓶、石炭、火薬、羽、革を用意し魔道士用の各防具をクラフトします。装備を全部つけるとマナ回復が30%早くなります。

03 マナポーションを作る

種、砂糖、水入り瓶で下級マナポーションを作ります。それと火薬をクラフトし中級マナポーションに、さらにそれとヴィンテウムの粉をクラフトし上級マナポーションにします。

04 魔法経験値を貯める

呪文を「効果が出るように」使用します。2、3秒おきに使用すると、魔法経験値が上がりやすいです。

05 魔法レベルを上げる

経験値が一定以上貯まると、魔法レベルが上がりスキルポイントが入ります。初めは青、22以上で緑、42以上で赤のスキルポイントになります。

06 文机アップグレード

本、糸、羽、イカスミ各1個と、本、カーペット、魔術師のチョーク各1個で、アップグレードアイテムをそれぞれクラフトし、それらを文机に右クリックすると、茶色の枠が増えます。

07 祭壇のアップグレード

呪文の構成要素が多いと祭壇が爆発するため、祭壇の丸石をネザー水晶に、レッドストーンブロックをエメラルドブロックにします。

08 ボス戦の準備をする

レベルアップだけでは得られるスキルポイントに限りがあるため射撃雷魔法を覚え、強力な防具と回復や水中呼吸のポーションを用意します。

09 レッドストーンの象嵌を作る

レッドストーン8個とヴィンテウムの粉1個で、Redstone Inlay（以下レッドストーンの象嵌）を作ります。最低8個必要です。

10 ボスを出現させる

水深の深いバイオームでレッドストーンの象嵌を3×3ブロックの輪状に設置し、雨天時に水バケツとボートを投げ込みます。

11 ボスと戦う

ボスが湧きます。ボスを倒すとInfinity Orb（以下無限のオーブ）をドロップします。色は青、赤、緑があり、色ごとのスキルポイントを得ることができます。

オススメの魔法

Dig（穴掘り）、Light（光）、Wizard's Autumn（魔法使いの秋）、Leap（跳躍）は、序盤の冒険を快適にしてくれます。Regeneration（再生）は回復速度は遅いですが、Heal（回復）の何倍も回復でき、得られる経験値も倍なので、経験値稼ぎにも使えます。各種属性ダメージは、ボスの弱点に合わせ使い分けると良いでしょう。赤のスキルポイントを得られるレベルになったら、得られにくい作物を生み出せるGrow（成長）は最優先呪文です。

穴掘り ／ 光 ／ 魔法使いの秋 ／ 跳躍 ／ 再生 ／ 回復 ／ 成長

CHAPTER 3

アイテム＆
ブロック系MOD
で遊ぼう！

SECTION 01 観覧車を回して遊ぼう

好きなブロックを回転させることのできるMOD、MineFerrisWheelを使って遊んでみましょう。ただ回転させるだけでなく振り子のように動かすこともできるので、想像力しだいでどんなものでも作ることができます。

MOD名	MineFerrisWheel
URL	https://www.dropbox.com/s/dsj441o5hnf8psg/MineFerrisWheel-2.1.1.jar?dl=0
バージョン	1.7.10
前提MOD	FORGE 1.7.10

MineFerrisWheelについて知ろう

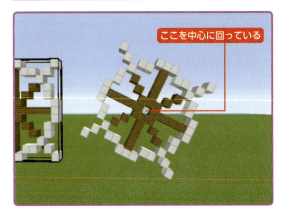

ここを中心に回っている

01 基本は回転運動を追加

MineFerrisWheelは任意の点を中心にした立方体の範囲を回転させることができるMODです。回転の速さや角度はかなり自由にカスタマイズでき、バスケットを組み合わせることも可能です。

「MineFerrisWheel」タブが追加されている

02 アイテムが追加される

MODの導入が成功していれば、クリエイティブモードのアイテム欄の2ページ目に「MineFerrisWheel」タブが追加されています。
これらのアイテムを使ってさまざまな動きを表現していきましょう。

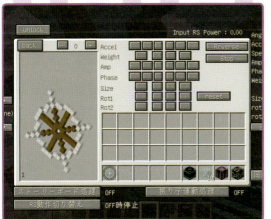

03 動きは細かく決められる

詳しい設定は後述しますが、回転の向きや速さ、全体の傾きや大きさに至るまで、かなり細かく設定することが可能です。また、レッドストーン回路と組み合わせることで、より複雑な動きも表現できるようになります。

04 手を動かしながら覚える

チュートリアルとして、小さな観覧車を回して乗り込むところまでを解説していきます。設定可能な項目は多いですが、全ての項目を使わなくても十分です。実際に作りながら覚えていきましょう。

05 どんどん応用しよう

チュートリアルが済んだら応用編として、より大きな観覧車にも挑戦してみましょう。大きな観覧車が回るのを眺める頃には、色々なアイディアが思いついていることでしょう！

基本アイテムについて知っておこう

01 観覧車のタネ

まずは基本アイテムを作っていきます。レシピを紹介するため、3×3ブロックの額縁を作業台に見立てています。実際は作業台でクラフトします。
観覧車のタネは、ダイヤモンド1個とエメラルド1個を横に並べれば作成できます。
MODで追加されるアイテムをクラフトする際に必ず必要になります。クラフト後は戻ってくるので、1つ作ればずっと使えます。

02 観覧車フレームコア

観覧車フレームコアは回転体の形を記録するためのアイテムです。次に紹介する観覧車フレーム用工作台とセットで使用します。観覧車のタネを中心に置き、上下左右に鉄インゴットを置くことでクラフト可能です。

03 観覧車フレーム用工作台

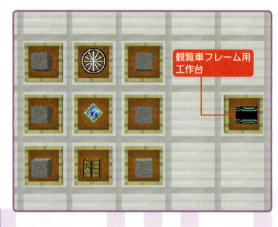

観覧車フレーム用工作台は回転体の本体（観覧車の枠にあたる部分）の大きさを決め、観覧車フレームコアに形状を記録させるためのアイテムです。
観覧車のタネを中心に置き、上にフレームコア、下に作業台、残りの部分に石6個を置くことでクラフト可能です。

04 観覧車バスケット

観覧車バスケットは観覧車のバスケット（乗り込む部分）の形を記録するためのアイテムです。
次に紹介する観覧車バスケット用工作台とセットで使用します。観覧車のタネを上段真ん中に置き、中段と下段に4個の鉄インゴットを三角形になるように置きます。

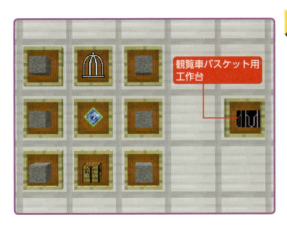

05 観覧車バスケット用工作台

観覧車バスケット用工作台は観覧車の乗り込む部分の大きさを決め、観覧車バスケットに形状を記録させるためのアイテムです。
クラフト時はフレーム用工作台のレシピの観覧車フレームコアを観覧車バスケットに変更すれば可能です。

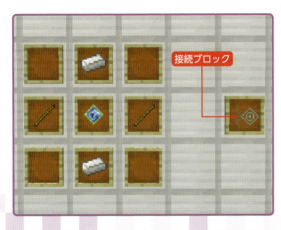

06 接続ブロック

接続ブロックは観覧車の本体とバスケットを接続するための重要な部品になります。
観覧車のタネを中心に、左右に棒、上下に鉄インゴットを置くことでクラフト可能です。1回のクラフトで10個作成されます。数が必要になるので作り置きを推奨します。

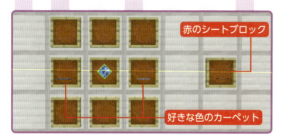

07 座れるシートブロック

シートブロックはバスケットに設置しておくことで、座ることができるようになるアイテムです。真ん中に観覧車のタネを置き、左右に何色でもいいのでカーペットを置くことでクラフト可能です。
赤と青があり下段で青、中段で赤になります。青は座るときに半ブロック分沈みます。

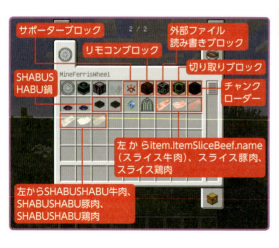

08 この先は慣れてから

基本は、ここまでに紹介した7つのアイテムを用意すれば十分です。ほかには、外部ファイルとして形状を読み書きできるアイテムや完全に透過されるブロックなどもありますが、もっと慣れてからでよいでしょう。なぜかSHABUSHABU牛肉や豚肉、鶏肉（しゃぶしゃぶ）もでてきますので一見の価値ありです。

HINT しゃぶしゃぶはおいしい

追加アイテムの中になぜかSHABUSHABU鍋（しゃぶしゃぶ）とスライスされた肉があります。
鍋に水を入れてから火打ち石と打ち金で火を点け、スライス肉を手に右クリックするとしゃぶしゃぶができます。なぜしゃぶしゃぶなのか理解を超えていますが、おいしいのでいいじゃないですか。

実際に観覧車を作ってみよう

01 工作台には向きがある

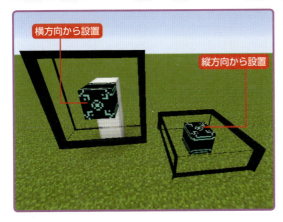

横方向から設置
縦方向から設置

ここからは実際に観覧車を作っていき、その中で基本的な操作を理解しましょう。
まずフレーム用工作台には向きがあることを知っておいてください。横方向から設置した場合は縦に、上下方向から設置した場合は横に寝たような形状になります。

02 本体を用意する

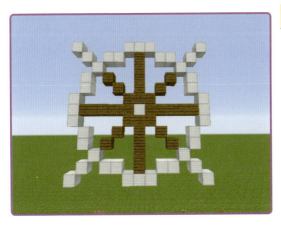

ブロックを並べて観覧車の本体から作っていきましょう（ここでは、鉄ブロックとマツの木材で作成）。大きさは立方体で指定するようにできています。また、中心のマスを含めた直径を指定するので立方体の各辺は奇数になります。注意してください。

03 中心に工作台を置く

観覧車フレーム用工作台

本体の用意ができたら、中心に観覧車フレーム用工作台を設置しましょう。
黒い線の範囲が画像のようになっていれば向きは合っています。もしここで設置向きを間違えると、回転方向が狂ってしまうので注意してください。

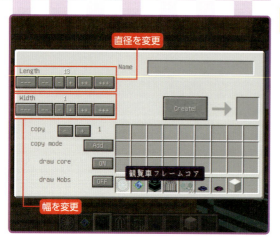

04 大きさを指定する

設置した観覧車フレーム用工作台をクリックすると、メニュー画面が開きます。
「Length」で直径を変更、「Width」で幅(奥行き、厚み)を変更します。「+」で1、「++」で10、「+++」で100増えます。copy以降の項目はあまり触らないほうがいいでしょう。

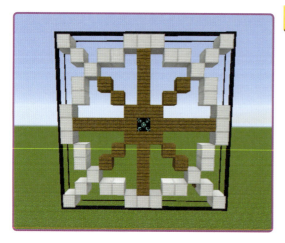

05 大きさの確認

大きさの値を変更したら確認してみましょう。黒い枠の内側にすっぽり収まっていれば大丈夫です。

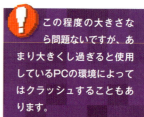

この程度の大きさなら問題ないですが、あまり大きくし過ぎると使用しているPCの環境によってはクラッシュすることもあります。

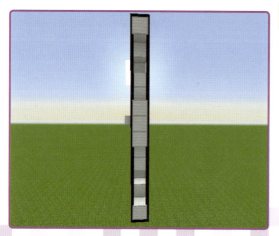

06 幅も確認しておく

幅が問題ないかの確認もしておきましょう。忘れることが多いので注意してください。前述しましたが大き過ぎるのも良くないので最小で収める癖を付けておきましょう。

07 いよいよ記録させる

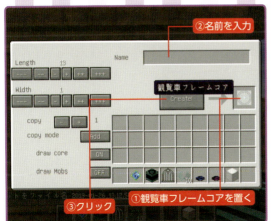

設定した大きさに問題がなければ、いよいよ観覧車フレームコアに形状を記録します。
手順 04 と同様にメニュー画面を開き、右端の中ほどにある枠に観覧車フレームコアを置きます①。
「Name」に適当な名前を入力して②、「Create!」をクリックしましょう③。

08 観覧車の本体が完成

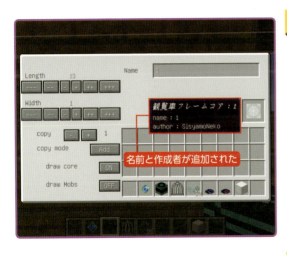

軽い金属音がして観覧車フレームコアに名前と作成者が追加されます。
これで観覧車の本体ができあがりました。本体はアイテムスロットにドラッグ&ドロップして追加してください。

09 設置して回転させる①

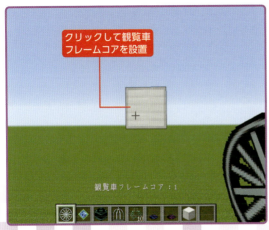

できあがった観覧車フレームコアを設置してみましょう。何でもいいのでブロックを置き、横からフレームコアを持ってクリックすることで設置できます。

制御する メニュー
八面体のコア
数値をここで確認

10 設置して回転させる②

このように、フレームコアを設置すると元のモデルと同じ形状のものが出現します。唯一違うのが、中心に淡い緑色の八面体のコア（手順 14 の図を参照）があることです。このコアをクリックすることで回転や傾きなどの挙動を制御するメニュー画面を開けます。

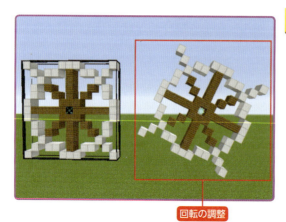

回転の調整

11 設置して回転させる③

回転はメニュー画面のAccelで変更できます。6つのボタンがありますが真ん中から右に「＋」、「＋＋」、「＋＋＋」といった具合です（ボタンに「＋」「＋＋」「＋＋＋」などの表記はありません）。右端に現在のAccelの値などが表示されているので、実際に操作しながら確認してみてください。

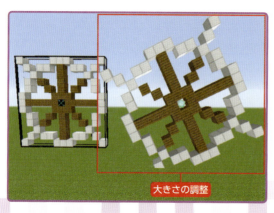

大きさの調整

12 大きさも変えられる

設定項目の「Size」の値を変更することで大きさの倍率を変えることができます。ブロック自体が大きくなったり小さくなったりします。
大きな建造物をミニチュアにして楽しむこともできます。

13 傾けることも簡単にできる

「Rot1」、「Rot2」の値を変えることで傾けることもできます。「Rot1」を正の値にすると奥に傾き、「Rot2」を正の値にすると右に傾きます。観覧車の場合は「Accel」、「Size」、「Rot」で十分対応できるでしょう。

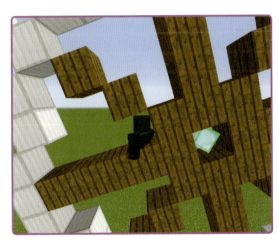

14 当たり判定はない

さて、観覧車の本体は完成しましたが、この本体にはご覧のように当たり判定がありません。このままでは乗って楽しむことができないので観覧車バスケットが用意されています。

HINT 倍率が変更できるなら

設定項目の中にある「Size」を変更すればブロック自体が大きくも小さくもなります。この設定を利用すれば、建築物をミニチュア化できますね。本来の楽しみ方以外でもアイディア次第で楽しめるのがMODの良いところです。

バスケットを作って乗り込もう

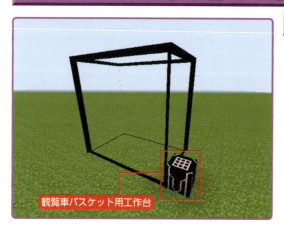

01 バスケットを作る①

ここからは観覧車の搭乗部分になるバスケットを作っていきましょう。
基本的な流れは自体は本体を作ったときと変わりません。観覧車バスケット用工作台は最小サイズが5×3×5ブロックとフレームのときより大きく、範囲の広がり方が違います。

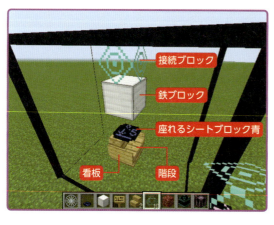

02 バスケットを作る②

シンプルなバスケットを作ってみましょう。階段の左右に看板を付け、その上に座れるシートブロック青、鉄ブロック、接続ブロックと順に置いていきます。

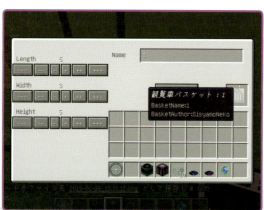

03 バスケットを作る③

P.91で紹介した本体のときと同じ要領で、観覧車用バスケットに形状を記録しましょう。
名前と作成者が追加されれば完成です。これでバスケットは完成しました。今回は4つ作っておきましょう。

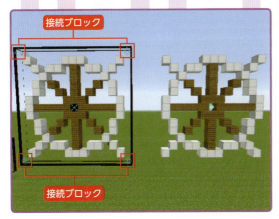

04 本体にも接続ブロックを追加する

接続ブロックは本体とバスケットの間で対になっている必要があります。

先ほどは本体側に接続ブロックを付けていなかったので追加しておきましょう。大きさを変更し、再度「Create!」をクリックして作成してください。同じフレームコアに上書き可能です。

05 バスケットをつなぐ

手順 04 で本体の接続ブロックが追加されていれば、メニュー画面のモデル画像の上に枠が追加されます。この枠にバスケットを置くと追加することができます。

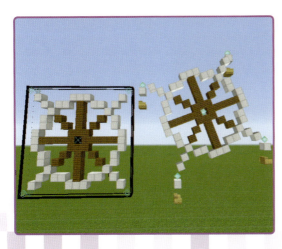

06 回転体の完成

うまく追加できていれば、このように八面体を間に挟んで本体とバスケットが繋がった状態になります。バスケットは地面に対して垂直な状態が保たれたまま周囲を回っています。

07 実際に座ってみよう

実際にバスケットに乗ってみましょう。透過されて見えませんが座れるようになっているはずです。ほかの乗り物と同じで、クリックで乗り、左の「Shift」キーで降りることができます。しばらく眺めを楽しんでみるのもいいでしょう。

08 頂点で重なってしまう

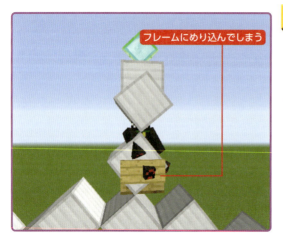

簡単な作りの観覧車だと、頂点でフレームにめり込んでしまいます。特に害があるわけではありませんが、何だか気持ちが悪いのでフレームを傾けることで重ならないように工夫してみましょう。

09 全体を傾ける

Rotの値を変えれば傾けられることは先に紹介しました。
実際に今回はRot1の値を25.0に変えて全体を奥に傾くようにしてみます。うまくいけばフレームとプレイヤーが重なることがなくなるでしょう。

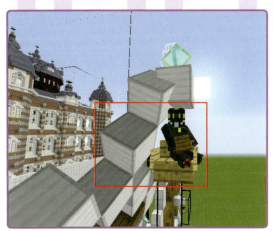

10 重ならないか確認

このように重ならなくなりました。細かな設定が可能なので、気になる部分は値を調整してみましょう。微調整が済んだら最後の仕上げにかかります。

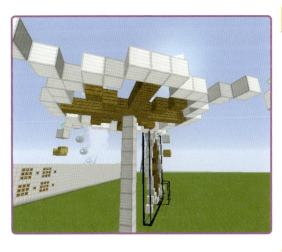

11 横向きにもできる

ブロックの上下方向からフレームコアを置けば、このように横向きに設置することも可能です。これを利用すればメリーゴーランドやコーヒーカップにも使えますし、ミニチュアを作ってショーケースの中で回すといった変わった使い方もできますね。

12 観覧車の完成

最後に全体を支える足を作って、観覧車の完成です。観覧車の足は別工程で作らないと一緒に回転してしまうことになるので注意してください。これで基本的な使い方はバッチリです。きっと自分なりの使い方が思い浮かんだでしょう。色々応用してみましょう。

応用編1　もっと大きな観覧車

01 大きくするのは簡単

さて、基本が押さえられたのでおさらいも兼ねて応用してみましょう（応用編1）。
ここからは、より大きな観覧車を作るので参考にしてみてください。まずはフレームとバスケットになる部分を別々に用意しましょう。

接続ブロックを忘れずに

02 フレームの範囲指定

バスケットとの接続部分に接続ブロックを忘れず設置して、フレームの範囲を指定しましょう。この観覧車は直径が131ブロックです。PCの環境によってはフレームコアの設置時にクラッシュしてしまうこともあるので、過度に大きくしないよう少しずつ試してください。

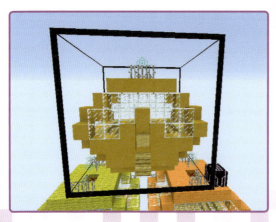

03 バスケットの範囲指定

バスケットにも接続ブロックを取りつけ、範囲を指定しましょう。過不足なく範囲と指定できているでしょうか。バスケットが大き過ぎると、床をすり抜けて落ちることもあるようです。そういった場合は色々調整しながら試してみてください。

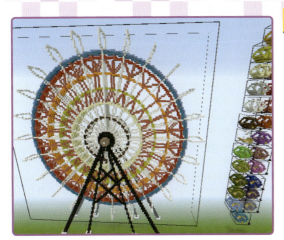

04 形状を記録する

フレームコア、各バスケットの範囲指定ができました。問題がなさそうであれば、それぞれ観覧車フレームコア、観覧車バスケットに形状を記録していきましょう。

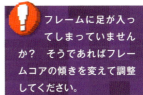

フレームに足が入ってしまっていませんか？ そうであればフレームコアの傾きを変えて調整してください。

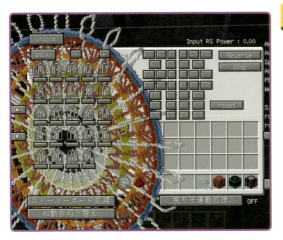

05 設置と項目設定

フレームコアを設置し、メニュー画面にあるバスケット用の枠にそれぞれ用意したバスケットを配置し、回転の速さを設定しましょう。特に大きな観覧車の場合、回転が速過ぎると上方向に移動中に床をすり抜けることが多くなります。

06 大きな観覧車も完成

足や乗降口を加えて、大きな観覧車も完成しました。今回の場合Accelの値が0.03でも床面すり抜けが起こったので、0.01でかなりゆっくり回るようにしています。細かな値の設定は環境に合わせて変えてみてください。

応用編2 凝った時計を作ってみよう

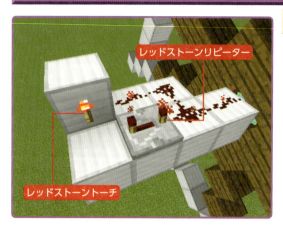

01 回路と組み合わせる

ここからは応用編2です。簡単なレッドストーン回路と組み合わせて時計を作ってみましょう。今回はレッドストーントーチとレッドストーンリピーターだけの簡単な回路を使って長針は時計っぽくカクカクと、短針はジリジリ動くような時計を作ってみます。

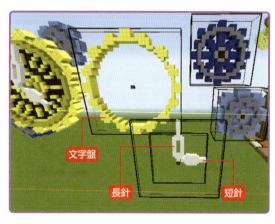

02 各種部品を用意する

長針、短針、文字盤を用意し、より時計らしさを出すために歯車をいくつか用意しました（すべて著者による手作りです）。全てフレームコアに形状を記録して回転するようになっています。

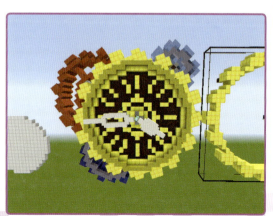

03 組み合わせる

用意した部品を組み合わせてできた時計です。時計の針は回っていますが、ただ回っているだけで時計のようなカクカクした動きではありませんので少し工夫してみます。

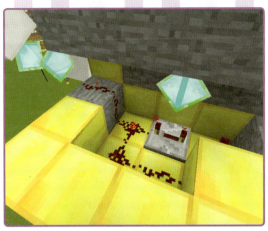

04 文字盤に仕掛けを作る

手順 01 と同じ回路を文字盤の内側に埋め込みます。定期的に信号が伝わっているのがわかるでしょうか。この回路は最小ティックだと焼けてしまうので3か4ティックで使用するようにしてください。

HINT マインクラフト内ではゲームループが1秒間に20回実行されています。1ティックは0.05秒ほどです。ここでは3、4ティックなので、およそ0.15から0.2秒です。

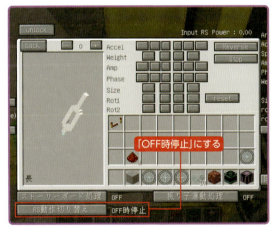

「OFF時停止」にする

05 設定を変更する

回転の設定をするメニューにある「RS動作切り替え」を「OFF時停止」にします。
こうすることで信号が来ている間だけ動くようになります。さらに、「Weight」の値を小さくすることでカクカクと針が動くようになります。

06 自分なりに試してみる

ここまで、観覧車に始まり、建築物のミニチュア化や時計、しゃぶしゃぶに至るまでこのMODの素晴らしさを紹介しました。簡単なブランコや、水面を走る船、ショーケースの中で回るマネキンなど、用途は無限大です。自分なりのアイディアを形にしてみてください。

SECTION 02 大規模建築に挑戦しよう

WorldEdit（以下WE）は、大規模建築など多くのブロックを使う際に非常な便利なMODです。ブロックの一括設置やコピー＆ペーストも簡単。ぜひ、使い方を覚えて快適に建築をしましょう。

MOD名	WorldEdit
URL	https://minecraft.curseforge.com/projects/worldedit
バージョン	1.12.2
前提MOD	Forge-1.12.2-14.23.5.2772

WEの基本的な操作を覚えよう

01 斧を取り出す

①入力　②木の斧で範囲選択

WEでは、範囲選択に木の斧を用います。インベントリから木の斧を取り出す手間を省くため、コマンドが用意されています。「//wand」とチャット欄に打ち込めば①、手元に木の斧が来るようになっています②。

02 範囲選択を覚える

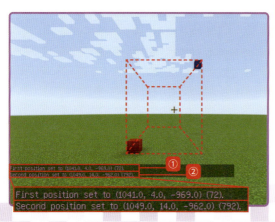

木の斧が取り出せたら、手元に木の斧を持ち、左クリック（ブロックを壊す動作）をしてみましょう。First position ～ と表示され①、1つ目の範囲が選択されたことになります。次に別のところに移動し右クリック（ブロックを置く動作）をします②。Second position ～と表示されます。これで基本的な範囲選択は終わりです。

ブロックIDが表示される。石のIDは1になる

03 ブロックIDを表示させる

コマンドでブロックを指定するには、ブロックIDが必要なため、ここでブロックIDが表示されるよう設定します。インベントリなどを開いていない状態で「F3」キーと「H」キーを同時押しするとデバックモードになり、インベントリを開いた際にブロックの横にブロックIDが表示されるようになります。

HINT 範囲指定には気を付けよう

WEでは範囲指定をしてその範囲内にブロックを設置したりなど大掛かりなことをします。
範囲が広ければ広いほどワールドに負荷がかかります。なのでワールドに負荷がかかり過ぎない程度の範囲指定をするか、自分が指定した範囲を忘れないように気を付けましょう。
バージョンによっては、画像のように範囲指定を表示してくれるものもあるので、これを使うと範囲指定の失敗がなくなります。

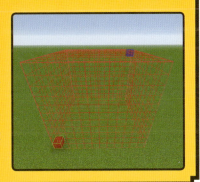

実際にブロックを設置しよう①

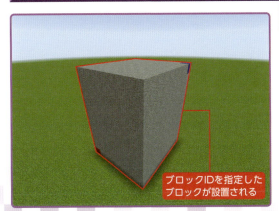

ブロックIDを指定したブロックが設置される

01 setコマンドを使う

範囲指定を終えたら、チャット欄に「//set ブロックID（前項の手順 03 の場合では1）」と打ちます。するとブロックIDで指定したブロックが範囲指定した部分に設置されます。

02 作業を戻すundo、戻したものを元に戻すredo

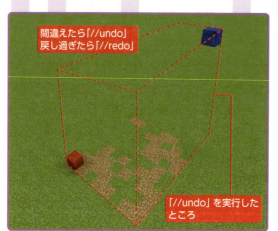

間違えたら「//undo」
戻し過ぎたら「//redo」

「//undo」を実行したところ

setコマンドを使えるようになったら、「//undo」や「//redo」の使い方を覚えましょう。setコマンドなどを利用して間違えて設置してしまった場合、「//undo」と打つと1つ前の工程に戻ることができます。間違って作業を戻し過ぎたときは「//redo」で修正ができます。

03 copyコマンドを使う

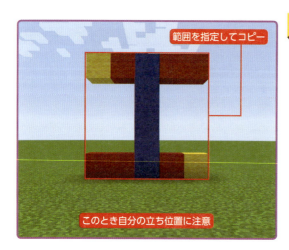

範囲を指定してコピー

このとき自分の立ち位置に注意

斧で範囲指定をしてチャット欄に「//copy」と打ちます。すると範囲の中にあるブロックがコピーされます。

04 コピーしたものをペーストする

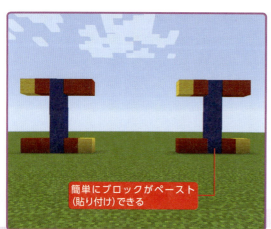

簡単にブロックがペースト（貼り付け）できる

コピーができたら次はペースト。チャット欄に「//paste」と打つと、手順 03 でコピーしたブロックが設置（ペースト）されます。このとき、コピーしたときの立ち位置でペースト位置も決まるので気を付けましょう。

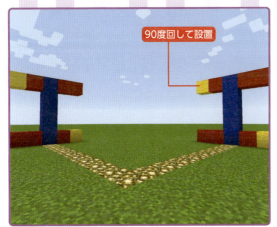

90度回して設置

05 コピーしたものを回転させる

コピーしたあとに90度回転させたい場合は、「//copy」→「//rotate 90」→「//paste」の順番でコマンドを打ちます。コピーしたものが自分を中心に90度回った状態でブロックが設置されます。「//rotate」は90度・180度・270度に対応しています。

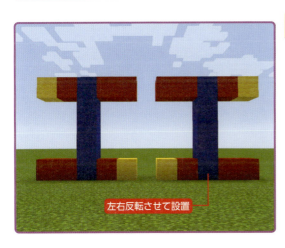

左右反転させて設置

06 コピーしたものを左右反転させる

コピーしたものを自分を中心に回転させるのは、「//rotate」でできますが、左右を反転させたい場合は「//flip」を使います。
「//copy」→「//flip」→「//paste」の順番でコマンドを打つと、自分の立ち位置を基準に左右反転したものが設置されます。

HINT コピー時の立ち位置とペースト位置の関係

コピーしたときの立ち位置でペーストしたときのブロックの位置が変わります。
右の画像では、赤色の羊毛と赤紫色の羊毛がコピー位置、青色の羊毛がペースト位置を示しています。赤色の羊毛の位置でコピーした場合、真ん中のブロックのようにブロックが空いて設置され、赤紫色の羊毛の位置でコピーした場合、1つ前のブロックに設置されます。
コピーした位置とペーストしたときの立ち位置は同じになるので間違えないように注意しましょう。

コピーするブロック
赤色の羊毛の位置でコピーした場合
赤紫色の羊毛の位置でコピーした場合

実際にブロックを設置しよう②

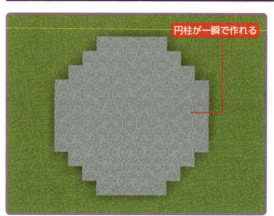

円柱が一瞬で作れる

01 円柱を作るコマンド①

「//set」だけでは立方体など四角いものしか作れませんが、「//cyl ブロックID 半径 高さ」で自分を中心に指定した半径で指定したブロックの円柱が作れます（画像の場合「//cyl 1 5 1」）。

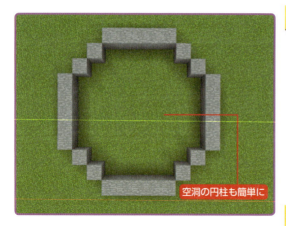

空洞の円柱も簡単に

02 円柱を作るコマンド②

「//cyl」の前にhを入れて「//hcyl」とコマンドを打つと、内側がブロックで敷き詰められてない状態の円柱ができます。

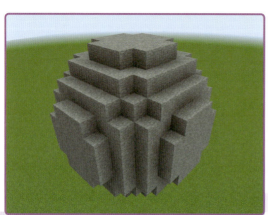

03 球体を作るコマンド①

「//sphere ブロックID 半径」で自分の足元を中心に球体が作られます。

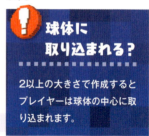

球体に取り込まれる？

2以上の大きさで作成するとプレイヤーは球体の中心に取り込まれます。

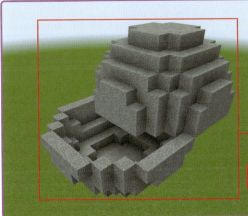

04 球体を作るコマンド②

「//sphere」の前にhを入れて「//hsphere」とコマンドを打つと、中が空洞の球体ができます。

わかりやすいように半分に分割した状態で表示している

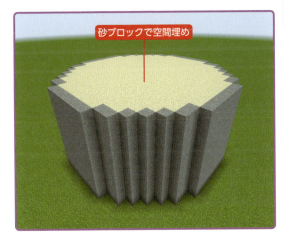

砂ブロックで空間埋め

05 空いた空間を埋めるコマンド

「//fill ブロックID 埋めたい広さの半径 埋めたい深さ」とコマンドを打つと、空いた床や大きな空洞を埋めることができます。ここでは砂ブロックで空洞を埋めています。

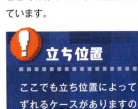

立ち位置

ここでも立ち位置によってずれるケースがありますので、注意してください。

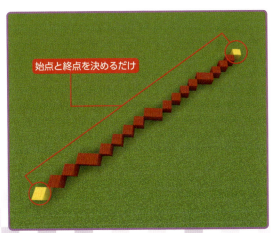

始点と終点を決めるだけ

06 きれいに直線でブロックを設置する

直線でブロックを置きたい場合は、木の斧で範囲を選択してから、「//line ブロックID」とコマンドを打つと範囲指定箇所を結ぶように指定したブロックで直線の形に設置できます。

地形を作るブラシコマンドの使い方

01 筆となるアイテムを取り出す

アイテム欄からブラシ（筆）代わりになるアイテムをアイテムスロットから取り出します。このとき棒、色々なインゴットや骨などアイテム単体で使用できないものを使用します。

02 ブラシの種類①

アイテムを設置するブラシを使う場合、手元に選択したアイテムを持ち①「/br sphere ブロックID 半径」とコマンドを入力します②。半径は最大で5まで指定できます。すると「Sphere brush shape equipped（半径）」というメッセージが表示されます。

03 ブラシの種類②

作った地形などをなめらかにする場合、「/br smooth サイズ 回数」とコマンドを入力します。このときブラシに使うアイテムは、手順02と別のものにします。すると「Smooth brush equipped（サイズ）x（回数）x, using any block).」というメッセージが表示されます。

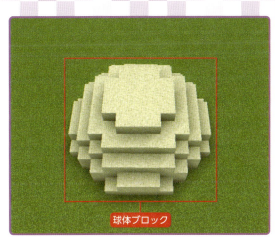

球体ブロック

04 ブラシを使う①

手順02で指定したブラシを持ち右クリックをします。するとカーソルを合わせた部分を中心に、指定したサイズの球体ブロックが出現します。ここではカーソルを地面に合わせたため、半球体になっています。

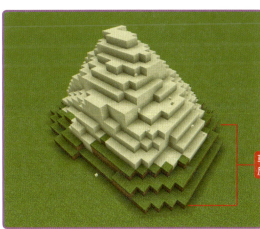

草ブロックにスムースが反応してなめらかに

05 ブラシを使う②

次は手順03で指定したブラシを手順04で置いたブロックに対して左クリックをします。置かれたブロックがサイズと回数に合わせてなめらかになります。

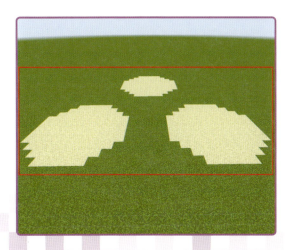

06 反映するブロックを指定する①

手順02で指定したアイテムを持ち、「/mask 反映させたいブロックのID」とコマンドを打ちます。すると「Brush mask set.」というメッセージが表示されます。その状態で使用すると、「/mask」で指定したブロックのみがブラシで変更されます。ここでは草ブロックをマスクしました。

CHAPTER 3 アイテム&ブロック系MODで遊ぼう！

実際に地形を作ろう

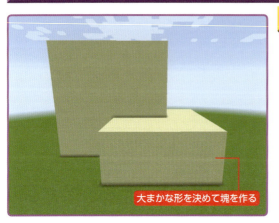

大まかな形を決めて塊を作る

01 setコマンドで砂の塊を置く

setコマンドを利用して作りたい地形のサイズと同じくらいの砂の塊を作ります。そのとき、大まかな形を決めます。

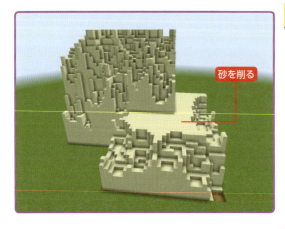

砂を削る

02 ブラシを使い砂を削る

「/br sphere 0 サイズ」で指定したサイズのブラシを作り、砂の山に対して使い、形を整えます。ブロックID「0」は空気を指定しています。

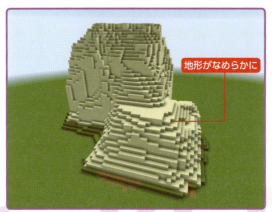

地形がなめらかに

03 ブラシを使い地形をなめらかにする

「/br smooth サイズ 回数」でブラシを作り、砂の地形をなめらかにします。

04 砂ブロックを石ブロックに置き換える

ブロック置換もラクラク

木の斧を選択して、砂で作った地形を囲むように範囲指定し、「/rep 変更前のブロックID 変更したいブロックID」と打ちます。ここでは「//rep 12 1」。
範囲指定内の砂ブロックが石ブロックに変わります。

05 地形の表面を草ブロックにする

表面のみ草ブロックに変更

事前に手順 04 とは違うブラシ用のアイテムを持ち、「/br sphere ブロックID（ここでは2）サイズ」とコマンドを打ちます。次に「/mask ブロックID（ここでは1）」とコマンドを入力し、地形表面に使います。草ブロックに変わります。

06 木を生やす

ここまで使ったブラシ用のアイテムとは異なるアイテムを持ち、「/tree」とコマンドを入力します。地面に近づき使用すると木が生えます。

さまざまな便利コマンドを使おう

01 コマンドで範囲指定

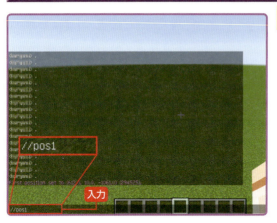

地面から離れた位置に範囲指定をしたい場合は、始点として「//pos1」、終点として「//pos2」とコマンド入力すれば、木の斧同様、自分の足元を始点に範囲指定をすることができます。

02 建物を壊さないようにする

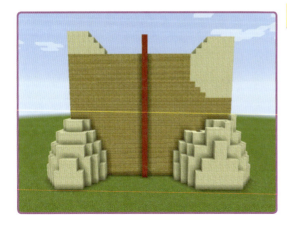

間違えて建物などにブラシをかけてしまい、壊してしまう場合があります。そのためブラシコマンドを使用する際は「/mask 壊したくないブロックID」などを使い、壊れないようにします。

03 自分の位置を上げる

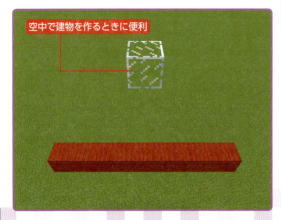

「/up 上げる数値」を使えば自分の位置から指定した位置まで真上に移動します。このとき、足元にガラスブロックが生成されるので空中で建物を作りたいときなどの始点に利用できます。

04 ブラシを解除する

アイテムに割り振られたブラシは解除しない限り残ります。そのため、間違えてブラシをかけてしまうことがないように「/none」でブラシを解除することができます①②。

①ブラシとして利用しているアイテムを選択
②入力

05 ブロックを動かす

範囲指定内のものを「//move 動かしたいブロック数」で自分の向いている方向に動かすことができます。

自分が向いている方向にブロックが動かせる
矢印の方向が正面

06 ブロックを複製して並べる

範囲指定をし、「//stack 複製したい数」で自分の向いている方向に複製することができます。

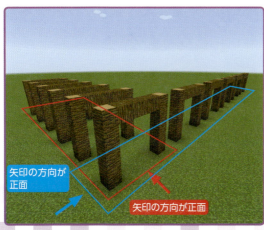

矢印の方向が正面
矢印の方向が正面

SECTION 03 豆腐だらけの世界で冒険を楽しもう

豆腐Craftは豆腐のみならず、大豆から作られる味噌、醤油、湯葉といったあらゆる食材や料理、そして豆腐を使った建築、道具、豆腐の世界での冒険など、豆腐の持つ可能性を極めた豆腐好きにとっての夢が詰まった究極の豆腐MODです。

MOD名	豆腐Craft（豆腐Craft Reload）
URL	https://www.curseforge.com/minecraft/mc-mods/tofucraftreload
バージョン	1.16.4
前提MOD	Forge1.16.4

豆腐を作る準備①大豆を集めよう

01 雑草から大豆を収穫

豆腐Craftを導入すると、雑草から大豆を発見できるようになります。この一粒の大豆から広大な豆腐の世界が始まります。

02 栽培して増やす

大豆は雑草からも収穫できますが、栽培すると安定して手に入れることができます。畑に種をまいて栽培しましょう。

03 骨粉で成長促進

マインクラフトのほかの作物と同じように大豆畑に骨粉をまけば、すぐに収穫することができます。

04 大豆の収穫

大豆畑から大豆を収穫しましょう。これを繰り返して豆腐の材料となる大豆をたくさん集めておきましょう。

豆腐を作る準備②塩とにがりを作ろう

01 塩田の枠を作る

豆腐の材料になる「にがり」を作るには、まずは塩田を作りましょう。棒2個と丸石ハーフブロック1個で塩田の枠をクラフトします。

02 塩田の枠を設置

塩田の枠を設置します。いくつかまとめて設置したほうが効率よく塩を作成できます。

03 水を流し込む

バケツで汲んできた水を塩田に流し込みます。

04 塩の完成

しばらく待つと塩が固まって白くなります。右クリックして塩をゲットしましょう。

05 にがりも回収

塩をとったあとの塩田はグレーになっています。これが塩をとったあとに残る液体「にがり」です。空のガラス瓶でにがりを回収します。

> **HINT 塩作りは乾燥した日当たりのよい場所で**
>
> ジャングルや雪の積もった場所など、気温の低い場所や、湿度の高い場所では塩田に水をまいても塩ができません。森、砂漠、草原などで塩作りをしましょう。

豆腐を作る準備③ 塩とにがりを増やそう

01 かまどで塩とにがりを量産

鉄や燃料などを準備できるのであれば、塩田ではなく製塩かまどで塩やにがりを効率よく生産することができます。

02 製塩かまどのクラフト

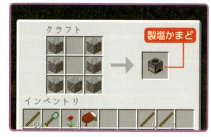

丸石ブロック7個で、製塩かまどをクラフトします。

03 大釜のクラフト

製塩かまどの上に載せる大釜をクラフトします。大釜は鉄インゴット7個で作ります。

04 製塩かまどの設置

製塩かまどを設置し、その上に大釜を載せます。大釜を設置するときには左の「Shift」キーを押しながら右クリックして載せます。

05 材料を準備

いよいよ製塩の開始です。水入りバケツ、燃料（木炭など）、にがりを入れる空のガラス瓶などを準備しておきましょう。

HINT 火災に注意！

製塩かまどの上には必ず大釜を設置しましょう。製塩かまどだけを動かすと炎が発生して、木造の家などは燃えてしまいます。

06 大釜に水を入れる

水入りバケツで製塩かまどの上の大釜に水を注ぎます。これが塩、にがりの原料になります。

07 かまどで製塩してみよう

製塩かまどに、燃料と空の瓶を設置して、製塩を開始してみましょう。みるみる塩とにがりができあがっていきます。

HINT 神秘の塩パワー

一般的に盛り塩やお清めの塩など、塩には邪悪なものを退ける力があると考えられてきました。このMODでは塩で魔除けアイテムを作成できます。「魔除けの塩」は手に持つとモンスターが逃げていく効果を、「盛り塩」は周囲にモンスターをスポーンさせない効果を持っています。

絹ごし豆腐を作ろう

01 豆乳を作る

まず、豆腐を作るのに欠かせない豆乳を作ります。バケツ1個と大豆1個からクラフトできます。

02 豆乳を型に流し込む

豆乳バケツを使って豆乳をブロックで作成した型に流し込みます。型がないと豆乳があふれてしまいます（それでも豆腐を作ること自体はできます）。

03 豆腐を固める

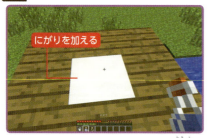

豆乳ににがりを加えて固めます。実際の豆腐作りと同じですね。

04 絹ごし豆腐ブロック

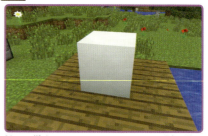

絹ごし豆腐ブロックが完成しました。枠を壊すと固まった豆腐ブロックを見ることができます。

05 壊すと絹ごし豆腐に

絹ごし豆腐ブロックを破壊すると、絹ごし豆腐を手に入れることができます。

06 上に乗ると壊れる

絹ごし豆腐ブロックの上に乗ると壊れてしまいます。「絹ごし豆腐ブロック」を入手するにはシルクタッチのついたツールか豆腐すくいが必要です。

木綿豆腐、焼き豆腐を作ろう

01 絹ごし豆腐から木綿豆腐ブロック

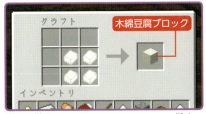

絹ごし豆腐4個をクラフトすると、木綿豆腐ブロックができます。木綿豆腐ブロックは絹ごし豆腐ブロックよりも固い豆腐ブロックです。

02 木綿豆腐ブロック

絹ごし豆腐よりも固い木綿豆腐ブロックの完成です。木綿豆腐ブロックは上に乗っても壊れません。

03 豆腐を焼いて焼き豆腐

豆腐をかまどで焼いて焼き豆腐を作ります。絹ごし豆腐、木綿豆腐のどちらを焼いても焼き豆腐になります。

04 焼き豆腐ブロック

焼き豆腐4個をクラフトすると焼き豆腐ブロックができます。焼き豆腐ブロックは建築の材料やトーフワールドのポータルの素材として使えます。

05 真の豆腐ハウス！

焼き豆腐ブロックや木綿豆腐ブロックは建築の材料として使うことができます。豆腐ブロックで家を作れば真の「豆腐ハウス」の完成です。

HINT 豆腐と豆腐ブロック

豆腐ブロックを壊すと豆腐になり、豆腐4個をクラフトすると豆腐ブロックになります。これはどの豆腐でも共通です。

固い豆腐を作ろう

01 重いブロックで豆腐を固く

木綿豆腐ブロックの上に石や鉱石などの重いブロックを置いて水抜きをすることで木綿豆腐ブロックよりもさらに固い石豆腐ブロックを作ることができます。

02 石豆腐ブロックの完成

しばらく放置すると、木綿豆腐ブロックが固い石豆腐ブロックになります。下が土ブロックだったり、上が軽いブロックだったりすると水抜きができません。

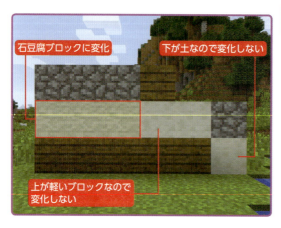

03 さらに固い鋼豆腐ブロック

さらにこのまま長時間放置しておくと、石豆腐ブロックが鋼豆腐ブロックに変化します。鋼豆腐ブロックはとても固いため、豆腐製のツールの素材に使うとよいでしょう。

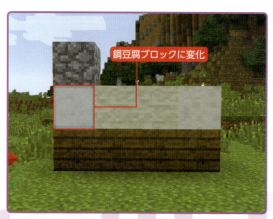

豆腐ツールを装備しよう

01 豆腐で身を固めよう

豆腐を使って武器や防具、道具などを作成することができます。豆腐を身につけることで、豆腐との一体感を高めましょう。

絹ごし豆腐(とても弱い)

木綿豆腐(弱い)

石豆腐(石製並み)

鋼豆腐(鉄製並み)

02 豆腐の固さで性能も違う

豆腐装備は絹ごし豆腐、木綿豆腐、石豆腐、鋼豆腐など、どの豆腐ブロックからでも作成できますが、固い豆腐ブロックで作るほど、性能のよいものができます。

HINT 豆腐ツールのクラフト

豆腐装備は通常の武器、防具、ツールと同じようにクラフトすることができます。豆腐すくいは棒と鉄格子からクラフトできます。

斧

剣

ツルハシ

ヘルメット

シャベル

豆腐すくい

CHAPTER 3 アイテム&ブロック系 MODで遊ぼう!

味噌や醤油などの調味料を作ろう

01 豆麹の種を作る

大豆1個と小麦1個をクラフトして豆麹の種を作ります。豆麹は大豆を発酵させて味噌を作るために必要な材料です。

02 熟成させる

インベントリに入れ熟成を待ちます。豆麹の種をインベントリに入れたまま、ほかのことをしながらしばらく待ちましょう。

03 豆麹の完成

熟成が終わると豆麹の種が豆麹になります。初回は実績が表示されるので、熟成が終わったタイミングがわかりやすいです。

04 樽を作る

味噌を入れる樽を作ります。樽は木材5個とサトウキビ3個からクラフトできます。

05 味噌樽を作る

樽1個、豆麹3個、塩3個で味噌樽をクラフトします。これで味噌作りの準備完了です。

HINT たまり醤油

味噌と醤油は同じような原材料で作られています。味噌を作るときに味噌の上に染み出す、黒い液体（たまり）が醤油の始まりではないかと考えられています[※]。大豆を主な原料とする醤油はたまり醤油と呼ばれており、現在でも作られています。現在ではほとんどの場合、味噌と醤油は別々に作られています。

※諸説あります。

06 味噌を発酵させる

P.120の石豆腐の作成と同じように、味噌樽の上に石を載せて味噌を発酵させましょう。味噌樽の上に重いブロックを置いてしばらく待つと色が変わります。

07 醤油を手に入れよう

熟成が完了すると色が黒くなります。この状態の味噌樽にバケツを使うと醤油を手に入れることができます。

08 醤油を瓶に詰める

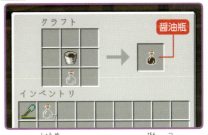

バケツで醤油を取ったら、ガラス瓶に詰めて使えるようにしておきましょう。醤油バケツ1個とガラス瓶1個をクラフトすると醤油瓶が完成します。

09 味噌樽を壊す

続いて味噌を手に入れましょう。味噌樽を壊すと味噌が出てきます。

10 味噌の完成！

発酵した味噌を手に入れることができました。味噌を使って味噌汁などいろいろな料理を作ることもできます。

枝豆から「ずんだ」を作ろう

01 成熟する前に収穫

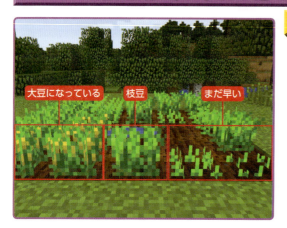

大豆を栽培したときと同じように、大豆を畑に植えます。
大豆が熟す前で青いうちに、枝豆を収穫します。黄色い豆がついてしまうと遅く、植えたばかりはまだ早いので、タイミングよく収穫しましょう。

02 枝豆をゲット

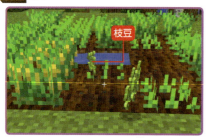

ちょうどいい状態の青い大豆を壊すと、枝豆を手に入れることができます。

03 枝豆を茹でる

枝豆をそのまま食べることはできません。かまどで茹でて、茹でた枝豆にします。

04 ずんだを作る

砂糖1個と枝豆8個でずんだを作ります。ずんだは枝豆やそら豆をつぶしてペースト状にしたものです。

05 おいしいずんだまんじゅう

小麦3個とずんだ1個でずんだまんじゅうができます。

06 ずんだまを作る

ずんだはおいしく食べるだけでなく、武器の素材としても使うことができます。ずんだ4個とグロウストーンダスト1個をクラフトするとずんだまができます。

07 ずんだアロー

ずんだを矢に塗ると、回復の力が込められたずんだアローを作ることができます。ずんだアローはずんだ弓でしか射ることができません。

08 ずんだ弓

ずんだま4個と弓1個でずんだ弓を作ることができます。ずんだアローを射るにはこの弓を使います。

トーフワールドを目指そう

01 焼き豆腐ブロックを作る

ネザーにつながるネザーポータルのような、トーフポータルでトーフワールドを目指します。ポータルは焼き豆腐ブロックで作成します。

02 豆腐剣を作る

トーフワールドに行くためにはこの世界のどこかに存在する豆腐スライムを豆腐剣で倒す必要があります。絹豆腐剣などの豆腐剣（以降それらを総称して豆腐剣）を用意しましょう。

03 豆腐鉱石を準備する

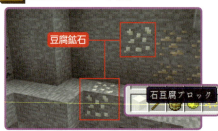

豆腐鉱石から採掘できる豆腐石（石豆腐ではありません）を準備しておきましょう。豆腐鉱石は鉄鉱石や石炭鉱石のように地下に分布しています。

04 豆腐スライムレーダー

次に豆腐スライムレーダーを作ります。豆腐スライムが出現する場所に反応します。豆腐スライム探しの必須アイテムです。

05 豆腐スライムレーダーを充電

豆腐スライムレーダーはそのまま動かせません。豆腐鉱石から取れる豆腐石で充電しましょう。電池切れしたら再充電します。

06 豆腐スライムレーダーを起動！

充電した豆腐スライムレーダーを動かしてみましょう。豆腐スライムレーダーの顔がバツ印になったら、そのチャンクでは豆腐スライムは出現しません。なお、マインクラフトの世界では16（幅）×16（長さ）×256（高さ）のブロックで構成された領域をチャンクといいます。

07 豆腐スライムレーダーが反応する場所を探す

豆腐スライムレーダーが反応！

移動しながら豆腐スライムレーダーを動かします。豆腐スライムレーダーの顔がこのようになったら豆腐スライムが出現する場所です。根気よく探してみてください。

08 地下の豆腐スライムを探す

レアMob豆腐スライム

豆腐スライムレーダーが反応したら、そのチャンクの地下に豆腐スライムが出現する可能性があるということです。地下を探検しましょう。

09 豆腐スライムを倒す

トーフステッキがついに出た！

豆腐スライムを豆腐剣で倒すと、トーフポータルを開くトーフステッキをドロップすることがあります。

10 焼き豆腐でポータルを作る

2×3以上の空間を作成
焼き豆腐ブロックでトーフポータルを作る

トーフステッキを手に入れたら、拠点に戻り、焼き豆腐ブロックでトーフポータルを作成します。トーフポータルはネザーポータルと同じ形です。

11 トーフステッキでポータルを開く

トーフステッキで右クリック

トーフステッキで豆腐ポータルの中を右クリックして、トーフポータルを開きます。ここをくぐればついに憧れのトーフワールドです。

HINT 豆腐スライムがみつからない？

豆腐スライムレーダーが反応する場所でも、豆腐スライムを発見するためには何時間も根気のいる探索が必要です。なんとか倒してもトーフステッキがでないこともあります（豆腐剣にドロップ増加をつけてもよいでしょう）。豆腐スライムレーダーが反応するチャンクの周囲に拠点を整備し、その地下（豆腐スライムの出現するY15～40の高さ）に、高さ4ブロックの暗い湧き場を作るなどしてじっくり挑戦してください。

素晴らしいトーフワールドの世界

豆腐の豆腐による豆腐のための世界、トーフワールド

01 すべてが豆腐、トーフワールド

すべてが豆腐でできた、豆腐好きにはたまらない夢の世界、それがトーフワールドです！ 地面も山もすべて豆腐！ おなかが減ったら、地面の豆腐を食べて暮らしましょう。トーフワールドにたどり着けば豆腐素材に困ることもなくなります。

豆乳の滝

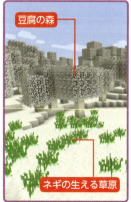

豆腐の森

ネギの生える草原

02 一度は行きたい豆腐世界の絶景スポット

トーフワールドは見どころがいっぱいです。豆腐でできた豆腐の山、豆乳が流れ落ちる豆乳の滝、豆腐の上にネギが生えた草原、豆腐の木が生える豆腐の森。トーフワールド観光を楽しみましょう。

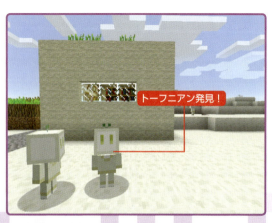

トーフニアン発見！

03 豆腐の村のトーフニアン？

トーフワールドには謎の異世界人、トーフニアンの村が存在します。トーフニアンの住む村を探してみましょう。

07 豆乳の池で釣りをしよう

トーフワールドでは池も豆乳でできています。豆乳の池で釣りをすれば豆腐や豆腐ツールを集めることができます。トーフワールドに生息する幻の魚、トーフウオを釣り上げてみましょう。

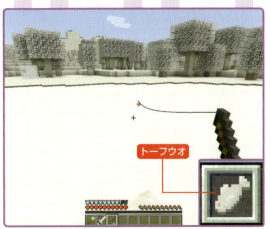

08 究極の豆腐鉱石を求めて

トーフワールドの地下には、金剛豆腐鉱石が埋まっています。金剛豆腐鉱石はダイヤモンド並みの固さを誇る最強の豆腐鉱石です。金剛豆腐鉱石で武器やツールを作れば冒険がはかどること間違いなしです。

 豆乳の健康効果

大豆とバケツで豆乳をクラフトするときに食材をさらに追加すると、豆乳にさまざまなパワーアップ効果を追加することができます。

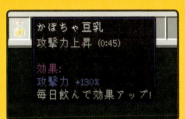

さまざまな料理、そして電子工作

ほかにも、納豆や湯葉や揚げ豆腐などさまざまなものを作れます。レッドストーンなどをクラフトして、豆腐を使った電子工作を行うことも。さらに奥深い豆腐Craftの世界を楽しみましょう。

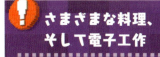

SECTION 04 夢のマイルームを実現しよう

マインクラフトの最大の弱点、それは家具など内装の表現に限界があることです。このMODでは80種以上の家具や家電、カトラリーなどの小物に至るまで用意されており、夢のマイルームの実現に一役買ってくれます。

MOD名	MrCrayfish's Furniture Mod
URL	https://mrcrayfish.com/
バージョン	1.12.2
前提MOD	Forge 1.12.2

MrCraytish's Furniture Modを知ろう

01 さまざまな内装用品を追加

追加される家具家電は80種以上！

マインクラフトには家具がなく、椅子や机などの家具はおのおの工夫して再現していることでしょう。MrCrayfish's Furniture Mod（以下MFM）はソファやテーブル、棚、家電などを追加できるかゆいところに手が届くMODです。

02 ただの飾りじゃない

家電は機能付き

家電は見た目だけでなく、その機能まで追加されます。オーブンでパンを焼く、洗濯機で洗濯する、ミキサーでジュースを作る、テレビをつけるなど、かなり本格的です。

居住スペースをリフォームしてみよう

01 ワンルームのリフォーム

バニラのマインクラフトで手に入るアイテムのみで作られた、ガッカリな内装のワンルームマンションをリフォームしながら、MFMの追加要素を紹介していきましょう。用意したのは、ユニットバスとベランダのある小さな部屋です。

02 居住スペースを快適に

それでは居住スペースを快適にするため改造していきましょう。バニラブロックで構成されたマイクラらしい部屋になっていますね。これらのブロックを置き換えて思わずその場で入居契約したくなるような部屋に改造しましょう。

03 キッチン回り

まずはキッチン回りから始めましょう。鉄ブロックの冷蔵庫、かまどのオーブン、ホッパーのシンク、鉄ブロックのキャビネットなど、「……のつもり」で作った家具が並んでいます。上にはトラップドアで作った戸棚のようなものがありますね。

CHAPTER 3 アイテム&ブロック系MODで遊ぼう！

04 見違えたキッチン

MFMにある家具と置き換えました。定番の冷蔵庫やオーブンに加え、ミキサーやトースターもあり、もちろん調理が可能です。キャビネットは収納用のインベントリを持っていますので、チェストが必要なくなります。

05 好きな写真を飾れる

フォトフレームに表示させる画像は自分で好きなように変えることができます。設置後に右クリックでURL入力メニューが表示されますので、jpgまたはpngのファイルを指定しましょう①②。

06 ソファ周りの改造

次はキッチンの向かいにある、くつろぐためのスペースを快適に変えてみましょう。絵画や額で作ったテレビに、鉄格子とカーペットでできたローテーブル、本棚やガラスブロックで作った収納棚のつもりの家具が置かれていますね。

07 見違えたくつろぎ空間

MTMにあるさまざまな家具と置き換えてみました。デジタル時計やテレビのリモコン、空き瓶などの細かいパーツも用意されていて、粋な演出だと言えるでしょう。ソファは何タイプも用意されていますので、好きなものを選んで配置しましょう。

08 テレビが見られる

テレビに番組を表示させることも可能です。フォトフレームと同様、設置後右クリックでURL入力メニューが開きます。番組は2MB以下のgif形式にしか対応していませんので注意してください。最大3つまで登録可能です。

09 ベッドと玄関を改造

居住スペースの仕上げ、ベッドと玄関周りをリフォームしてみましょう。ベッドの周りは殺風景です。下駄箱に見立てた階段ブロックや収納用に置かれたチェストは何とも味気ないですね。

10 見違えた ベッド周り

ベッドもよりリアルなものがあり、ベッドサイドキャビネットまで用意されています。オシャレなランプを置き快適に眠れそうです。
玄関マットには文字が入れられますので、来客を歓迎するような文章を入れましょう。

11 仕上げに シーリングファン

天井にはオシャレな部屋に欠かせないシーリングファンを取り付けましょう。モダンなスイッチがあり、ONとOFFを切り替えることができます。火災報知器もありますので、安全のため忘れずに取り付けましょう。

12 リフォーム完了

これで居住スペースはかなり快適に生まれ変わりましたね。狭いながらも快適に楽しく過ごせそうです。ここでは紹介しきれない小物もまだまだありますので、色々試して自分好みのインテリアを楽しみましょう。

水まわりとベランダをリフォームしよう

Before
- 便座のつもり
- 浴槽のつもり
- 洗面台のつもり

01 バスルームを改造

続いてユニットバスになっている部屋を改造してみましょう。浴槽、洗面台、便座などに見立てたさまざまなサニタリーが配置されてます。
バニラのマインクラフトではこれくらいの表現が限界です。

After
- 洗濯機で防具を洗える

02 洗面台を改造

洗面台まわりをリフォームしてみました。洗面台の右側にあるのは洗濯機で、石鹸を使って防具を洗うことができます。洗われてきれいになった防具は耐久力が回復します。洗面台の鏡を覗くと……。

- 鏡はかなり本格的

03 鏡に写る

なんと鏡が機能します。角度を変えると写る範囲も変わり、並々ならぬこだわりを感じます。この鏡だけでもMFMを使う価値アリと言えるでしょう。あちこちで細かい演出がありますので探すだけでもかなり楽しめます。

04 シャワールームまである

何とも言えない浴槽を置き換えてみました。さらにシャワールームも用意されています。シャワーヘッドを上に取り付ければ本格的なバスルームに早変わりします。

スライドするガラス戸がある

座って「G」キーを押すと……？

05 便座に腰掛けて

便座を置いて出入り口にスライドドアを設置したら、ユニットバスのリフォームはおしまいです。スライドするガラスの扉がとてもオシャレです。便座には腰掛けることもでき、この状態で「G」キーを押すと……。ここでは言えません。

06 リフォーム完了

これでバスルームのリフォームも完了しました。物の数は増えましたが使い勝手の良さそうな開放的な空間になりました。シャワーやバスタブ、ゴミ箱も使えますので、試してみてくださいね。

07 ベランダもオシャレに

ベランダや庭に使えるベンチやテーブル、置物といったアイテムも追加されています。鉄格子で転落防止の柵を作ったり、上向きの階段で鉢置きを作ってみたりと頑張って工夫した痕跡が見られますが、やはり殺風景ですね。

08 内と外の差別化

エクステリアに使えそうな、ちょっと表面が荒いベンチや木箱を使ってみましょう。このようにして家の内と外で印象を変えることで、より庭やベランダといった感じが強調されます。柵や生け垣などもありますので試してみると良いでしょう。

09 想像力を解放しよう

ご覧のように、ほとんど部屋の中で使わなかったアイテムだけでこれだけのリフォームが可能です。まだまだ紹介しきれていない家具や家電がありますので、色々試して夢のマイルームを実現してくださいね。

10 プール付きの庭1

プール付きの庭を作るための小物も用意されています。まずバニラブロックだけでプールのある庭を作ってみました。これだけでもまあまあ良いですが、さらにオシャレにするために色々と入れ替えてみましょう。

11 プール付きの庭2

ご覧のようにプールの飛び込み台や、ガーデン用のテーブル、バーベキューグリルなどを置いてみました。実際に飛べるトランポリンがありますので、遊んでみましょう。跳ぶだけですが、意外と面白いですよ。

HINT 乗り物の追加もできる

MFMと同じ作者のMOD「Vehicle Mod」では、乗り物の追加も可能です。バギーやスマートカープロペラ機なんかもあります。快適に町を散策できますよ。掲載されているURLで公開されていますので探してみてくださいね。

CHAPTER 4

乗り物系
MODで
遊ぼう！

SECTION 01 飛行船を作って空の旅を楽しもう

ViesCraftはカスタマイズ可能な専用飛行船を作ることができるMODです。元からゲームの一部としてあったのではないかと感じるほど、かなり本格的に作り込まれている、奥の深いMODです。

MOD名	ViesCraft
URL	https://minecraft.curseforge.com/projects/viescraft-airships
バージョン	1.12.2
前提MOD	Forge 1.12.2用2655以上推奨

VicsCraftについて知ろう

01 飛行船に特化している

複雑にカスタマイズ可能な飛行船を追加することができます。音楽を鳴らしたり、ペットと共に自由に空の旅ができるなど、快適さにも配慮されたMODです。

飛行船で空を飛べる

02 どこへでも持っていける

飛行船はアイテム化して持ち歩くことができます。手に持った状態で左の「Shift」キー+右クリックすれば呼び出すことができます。お気に入りの飛行船を持ち歩いて好きなときに空の旅を楽しみましょう。

左の「Shift」キー+右クリックで呼び出す

AirShip（以下飛行船）

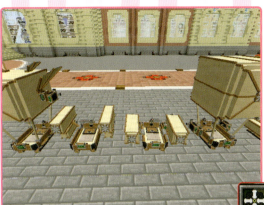

03 基本の形は5種類

飛行船のバルーンの形は、作成時のデフォルトの形以外に、4種類の中から選ぶことができます。そのほか、エンジンやフレームの色や形も変更可能なので、きっと自分好みの飛行船が作れることでしょう。

合計5種類

04 さまざまな機能がある

できることが多く、メニュー画面はやや複雑です。日本語化もされていないので戸惑うかもしれません。基本的なことはここで解説しますので臆さず触ってみましょう。すぐに慣れて楽しめるようになるはずです。

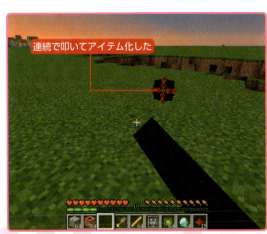

連続で叩いてアイテム化した

05 回収も簡単

飛行船をアイテム化して回収することも可能です。ほかの乗り物と同様に連続して複数回叩くことでアイテム化します。クリエイティブモードの場合はアイテム化せず消えてしまうので注意してください。

補助MODも活用しよう

01 JEIを活用する

画面の右側にブロックなどの画像がズラッと並んでいます。これはViesCraftの機能ではなく「Just Enough Items（JEI）」というレシピ検索MODです。簡単に使い方を紹介します。

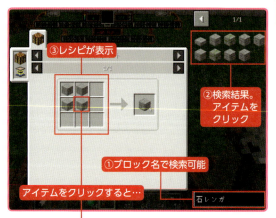

02 レシピの検索ができる

画面右下の検索窓に探したいブロックの名前を入れると①、右側のリストに表示されます。リスト内のブロックをクリックすれば②、画像中央のようにレシピが表示されます③。必須MODではありませんが、非常に便利ですので入れておいて損はないでしょう。

03 導入は簡単

さらに元素材の作り方まで検索できます。これで1次素材まで追っていけます。導入するには「Just Enough Items（JEI）」をダウンロードし「mods」フォルダにそのまま入れるだけです。

・Just Enough Items（JEI）のダウンロードサイト
https://www.curseforge.com/minecraft/mc-mods/jei

飛行船を作ってみよう

01 全ての基になるチップ

ここから、最低限飛行できるようになるまでの手順を追って解説していきます。飛行船の作成にはたくさんの部品が必要になり、全ての基礎になるのがこのLogic Chip（以下ロジックチップ）です。大量に必要になるので材料集めが大変ですが、作り置きしておくことをおすすめします。

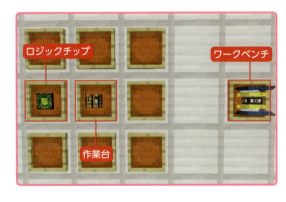

02 ワークベンチを作る

Airship Workbench（以下ワークベンチ）は、飛行船関係の部品や本体に至るまでのさまざまなものをクラフトできる作業台です。ロジックチップ1個と作業台1個で作ることができます。使い方は普通の作業台と同じなので直感的に理解できるでしょう。

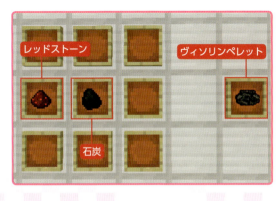

03 燃料の概念もある

リアルに作られており、燃料の概念が存在します。燃料はかまどで使えるものなら大体使えますが効率が悪いです。レッドストーン1個と石炭または木炭1個でViesoline Pellets（以下ヴィソリンペレット）というもっとも効率の良い燃料ができます。

04 できれば専用燃料を用意しておこう

デフォルトの飛行船では原木1個を燃料にしても、5秒ほどしか飛べません。これでは楽しめないので専用の燃料であるヴィソリンペレットを用意しましょう。1個で15秒ほど飛べます。燃料効率は、後述するアップグレードで改善できます。

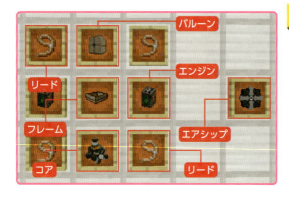

05 飛行船に必要な材料

次に飛行船の本体を作るのに必要な材料を見てみましょう。MODで追加されたAirship Ballon（以下バルーン）1個、Airship Frame（以下フレーム）1個、Airship Core（以下コア）1個、Air Engine（以下エンジン）2個、リード4個です。それぞれを順に見ていきましょう。

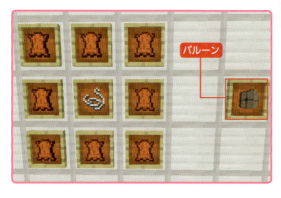

06 バルーンを作る

まず、飛行船の風船の部分を作ってみましょう。比較的簡単に手に入る素材でできています。皮（8個）を糸（1個）で編みこんでいく感じですね。アップグレードしていくとより高く飛行できるようになっていきます。

07 フレームを作る

次はプレイヤーが搭乗するためのフレームを作りましょう。ロジックチップ4個、鉄インゴット4個、トロッコ1個が必要になります。制御系に使われるイメージでしょう。フレームをアップグレードしていくことで移動速度が上がり、より速く、より遠くまで行けるようになります。

08 コアを作る

コアは、燃料をエネルギーに変えるための部品です。ダイヤモンド2個、鉄インゴット4個、金インゴット1個、鉄格子1個、マグマブロック1個が必要で、部品の中ではコストが高いです。アップグレードしていくことで、見た目などの改造に関わる機能を強化できます。改造にはレッドストーンパウダーが必要です。

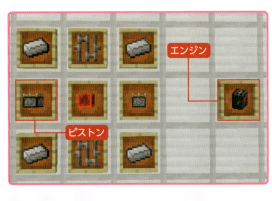

09 エンジンを作る

最後にエンジンを作りましょう。鉄インゴット4個、レッドストーンブロック1個、鉄格子2個、ピストン2個で作ります。エンジンは2個必要なので忘れないようにしてくださいね。アップグレードしていくことで燃料効率が良くなり、より長い時間飛行することができるようになります。

飛行船を手に入れよう

01 飛行船を組み立てる

色々と手間のかかる材料集めを済ませ、部品を作ったらワークベンチで飛行船を組み立てましょう。前述しましたが、組みあがった飛行船は左の「Shift」キー＋右クリックすると呼び出せます。さぁ、これでマイ飛行船ができあがりました。早速飛んでみましょう。

枠内に燃料（ヴィソリンペレット）を入れて補給

02 燃料を入れる

燃料がなければカタツムリのように地を這うばかりで飛ぶことができません。Visoline Pallets（以下ヴィソリンペレット）を1スタック（64個）入れてみましょう。燃料は、搭乗後「R」キーで開くメニュー画面で右クリックで補給します。「Fuel」の枠に燃料をドラッグしましょう。

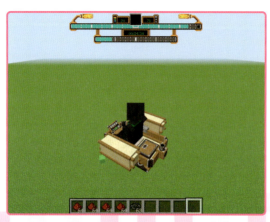

03 印象深い初フライト

「Space」キーで上昇、「X」キーで下降です。初フライトはいかがでしょうか？　これだけしか上昇できない？　ひどく遅い？　あれだけの燃料を入れても15分だけ？　色々と不満があると思います。それらはこれから紹介するアップグレードによって改善していくことができるのです。

改造の基本を知ろう

01 レッドストーンを用意する

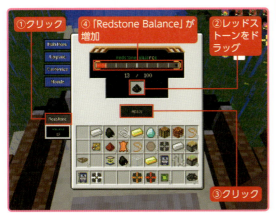

何かをしようと思ったら、コストがかかる。これは世の常ですね。ViesCreftも同様で、改造にはレッドストーンが必要になります。メニュー画面左の「Redstone」をクリックして①、レッドストーンを置き②、「Apply」で補給します③。すると「Redstone Balance」が増加します④。

02 船名を変更する①

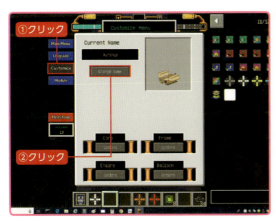

改造の基本を知るために、まずは船名の変更で慣れてみましょう。まずは「Customize」メニューをクリックして①、「Change Name」をクリックします②。

03 船名を変更する②

好きな名前を入力し①、「Apply」をクリックすると②、船名が変更できます。船名の入力欄の下に表示されている数字（ここでは「Cost10」）は、改造に必要なレッドストーンの数です。改造の基本は「内容を選んでコストを払う」なので覚えておきましょう。

本格的に改造しよう

01 アップグレードに必要なもの

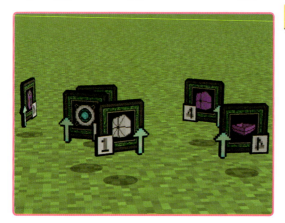

飛行船のアップグレードには、各種アイテムが必要になります。4つの部品に対して5段階のアップグレード、計20回可能です。それぞれワークベンチでクラフトしますので、順に紹介していきます。

02 バルーン用1次素材

端切れ

ロジックチップ

まず、バルーンの改造用アイテムから始めましょう。アップグレードは2段構えでクラフトします。まず1次素材のBaloon Remnant（以下端切れ）をワークベンチで作りましょう。皮5個、ロジックチップ2個、金インゴット1個、鉄インゴット1個で作成できます。

03 バルーンアップグレード

鉄インゴットを適時、このアイテムに置き換える

Ballon Upgrade（Tier1）。バルーンのアップグレードアイテム

手順 02 の端切れを4個作り、バルーンを改造するために用いるBallon Upgrade（Tier1）のアップグレードアイテムをバルーン1個、端切れ4個、ロジックチップ2個、鉄インゴット2個でクラフトしましょう。ここでもロジックチップが必要になります。レベル2からは、鉄インゴットを図の右側のものに変更することでクラフト可能です。

04 フレーム用1次素材

Frame Casing

次はフレームの改造用1次素材Frame Casing（枠などの意）を作りましょう。

鉄格子3個、鉄インゴット1個、金インゴット1個、ロジックチップ2個……と、かなり多くの鉄が必要になります。鉄が大量に確保できるトラップタワーなどがあると良いでしょう。

05 フレームアップグレード

鉄インゴットを適時、このアイテムに置き換える

Frame Upgrade（Tier2）。フレームのアップグレードアイテム

手順 04 の1次素材（Frame Casing）を4個作り、フレームを改造するために用いるFrame Upgrade（Tier2）のアップグレードアイテムを作ります。Frame Casing4個とロジックチップ2個、フレーム1個、鉄インゴット2個でクラフトしましょう。フレームの場合もバルーンと同じように、レベルに合わせて鉄インゴットの部分を変えてください。

06 コア用1次素材

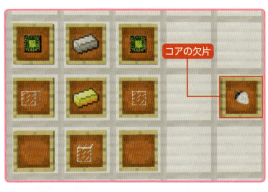

コアの欠片

コア用の1次素材Core Shard（以下コアの欠片）です。ガラス3個に鉄インゴット1個、金インゴット1個、ロジックチップ2個とほかに比べると作りやすくなっています。コアのコストとバランスが取れていますね。

07 コア用アップグレード

コア用のアップグレードアイテムです。クラフトの際にもコストの高いコアが必要になるので少々厄介です。レベルごとに鉄インゴットの部分を変更するのは変わりません。コア1個、Core Shard4個、ロジックチップ2個、鉄インゴット2個で作ります。

08 エンジン用1次素材

最後にエンジン用の1次素材Engine Fragment（以下エンジンの破片）を作りましょう。ロジックチップ1個、鉄インゴット2個、金インゴット1個、ブレイズロッド1個が必要ですが、必要素材がほかと比べて少なく、そこまで素材を揃えるのが大変というわけではありません。

09 エンジン用アップグレード

いよいよアップグレードも最後、エンジン用のアップグレードです。こちらも、レベルに合わせて鉄インゴットの部分を変えてください。これでアップグレードアイテムの解説は終わりです。

10 アップグレードの適用

実際にアップグレードを適用させましょう。メニュー画面の「Upgrade」で①、各種アップグレードを適用します。4つの枠がありますね。ここではコアをアップグレードしてみます②③。レベル順にしか適用できず、いきなり高いレベルの適用はできません。

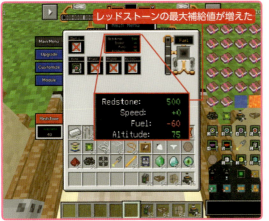

11 ステータスが変わる

コアをレベル5までアップグレードしました。メインメニュー内の上部にあるステータスの値が変化しています。コアの強化でレッドストーンの最大補給値が500まで増えました。

12 レッドストーンを追加する

P147の手順 02 ～ 03 で船名の変更を行い残り40個となったレッドストーン。さらに1スタック(64個)追加してみましょう①②③。「Redstone Balance」の数値が104になりました。このようにして飛行船の強化を行っていきます。

13 見た目を変えてみよう

レッドストーンの残りが100を超えたので、バルーンを違うものに改造してみましょう。まずは「Customize」メニューのCoreの「Option」をクリックします①②。

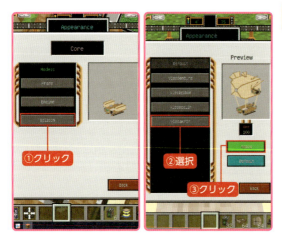

14 ついにカッコよくなった

Coreの「Option」では、フレーム、エンジン、バルーンの見た目を変えることができます。今回は特に変化のあるバルーンを改造してみます。「Baloon」をクリックして開くと①、4種の中から選択可能です②。選択したら「Apply」をクリックします③。ここではCost100を支払って「Viesakron」に変更しました。

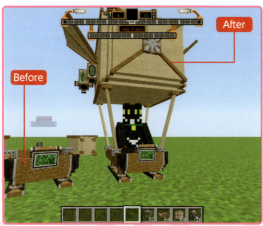

15 苦労したぶんより感動

こちらがビフォー&アフターです。カッコよさが全然違うのがおわかりいただけるでしょうか。サバイバルでは、ここまでたどり着くのに相当苦労します。そのぶん、手に入ったときの感動も大きいことでしょう。

16 半透明の飛行船もできる

「Customize」メニューでは色の設定を細かく変えることができます。「Transparent」という項目をオンにすると、半透明にすることができます。カッコいいのでおすすめです。

17 トレードマークを決める①

エンジンのオプションで、バルーンやフレームに好きなマークを表示させることができます。「Customize」メニューで「Heads」をクリックし①、一覧から好きなもの（ここでは「pig」）を選びます②③。

18 トレードマークを決める②

飛行船に豚の頭が追加されました。ブロックなども選択可能ですので、自分なりにアレンジしていきましょう。

モジュールを知ろう

爆弾が投下できる

01 機能を拡張するモジュール

VeisCraftには飛行船の機能を拡張するためのモジュールという概念があります。速度や高度の限界を上げたり、変わったものだと爆撃ができるようになったり、水上を滑れるようになったりします。ここでは面白いものをいくつかピックアップします。

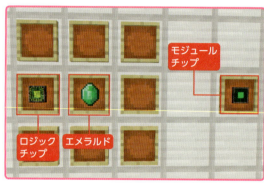

モジュールチップ
ロジックチップ
エメラルド

02 モジュールの作り方①

モジュールを作るには基本となる素材であるModule Chip（以下モジュールチップ）が大量に必要になります。エメラルドが必要なので少し面倒ですが、交易しやすい村人を育てておくと入手しやすくなります。

レッドストーントーチ　重量感圧板（重）
ネザークォーツ
Lesser Bombing　Bombing　Greater Bombing

03 モジュールの作り方②

先ほど作成したモジュールチップを使って、爆撃モジュールを作ってみましょう。レベル3まであり、高レベルになるほど破壊力のある爆弾が扱えます。下段真ん中は、重量感圧板（重）です。

04 モジュールをセットする

モジュールは「Module」メニューでセットします。「Learn」の枠にドラッグし①「Learn」をクリックします②。上部の黒枠に移ったモジュールをクリックすると③、コストを払ってセットできます④。1度に利用できるのは1つだけです。

05 爆弾を作る①

爆撃モジュールのセットができましたので、投下するための爆弾を作りましょう。爆弾を作るためには、まず入れものであるBomb Casingを作ります。Bomb Casingは爆弾を作る際に数が必要になりますので大量に作っておきましょう。鉄インゴット3個、丸石2個、ロジックチップ1個でクラフトできます。

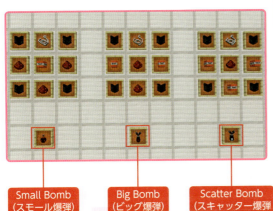

06 爆弾を作る②

手順 05 で作ったBomb Casingを使って爆弾を作ります。左からスモール、ビッグ、スキャッター爆弾です。それぞれTNTの1、2、4倍の威力になっています。

07 爆弾のセット

爆撃モジュールをセットすると、メインメニュー中段に爆弾のメニューが追加されます。左側の枠に爆弾をドロップして①、「Apply」をクリックして飛行船にセットし②、黄緑色のボタンをクリックして③、Armedと表示されればセーフティー解除です。爆弾の種類を選択しましょう④。

08 爆弾投下！

きちんと設定が済んでいれば、「C」キーで爆弾を投下できます。試しにスキャッター爆弾を投下して威力がどんなものか見てみましょう。眼下で大規模な爆発が起こっています。

09 飛行船は平和利用しよう

数発のスキャッター爆弾で地面が見事にえぐれてしまいました。すぐ下が岩盤なのでこの程度ですが、普通ならもっとえぐれているでしょう。くれぐれもイタズラで爆弾を落とすのは止めておきましょう。

水上でも滑れる飛行船を作ろう

01 その他のモジュール

飛行船を水につけると爆発四散してしまいます。しかし水上を滑れるようになるモジュールも存在します。水上移動中は飛行時より速度が落ちますが、レベルアップごとに元の移動速度に近づくようになっています。

02 水につけても爆発しない

水上移動モジュールをセットした状態で無理やり水中に潜ろうと下降してみると、爆発エフェクトが出ますが何も起こりません。下降を止めると爆発エフェクトも消えます。これで大海横断も安心してできます。

❗ ほかにもまだまだある

モジュールは全部で9種類あります。中にはBGMを流すことができるモジュールも存在します。なぜか某RPGの曲が含まれていたりしますので思い出に浸りながら空の旅をするのも良いでしょう。

ペットや村人の同伴も可能

01 うまく誘導する

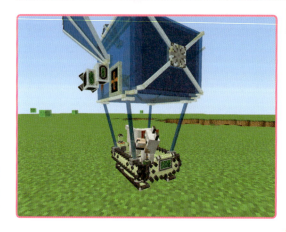

ペットや村人、マルチの場合はほかのプレイヤーと一緒に飛行船に乗り込むこともできます。まず押したり引いたりして飛行船まで誘導しましょう。近くまで連れていくと自動的に乗ります。

02 あとは自分も乗るだけ

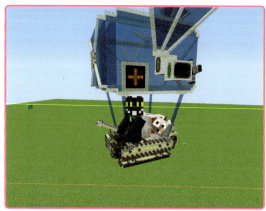

うまく乗ってもらえたら、あとは自分も乗り込むだけです。ご覧のようにペットと一緒に空の旅を満喫して絆を深めましょう。

03 飛行船から降りてもらう

時には意図しない村人が乗り込んでしまうようなことも起こるでしょう。降りてほしいときはDismounterというアイテムを使いましょう。Dismounterで同伴者を左の「Shift」キー+右クリックすると、同伴者を安全に降ろすことができます。

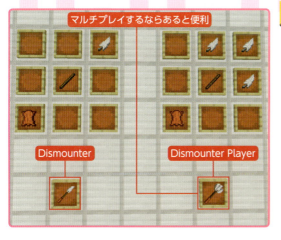

マルチプレイするならあると便利

Dismounter

Dismounter Player

04 Dismounterは2種類ある

Dismounterには2種類あります。シングルで遊ぶ場合は左側の簡単に作れるほうだけで大丈夫です。右のほうはマルチで遊んでいるときに頑なに降りようとしないプレイヤーを降ろす際にも使うことができます。

05 降ろしてみる

村人を降ろすときには左の「Shift」キー＋右クリックで安全に降りてくれます。モンスターが間違って乗り込んでしまうこともあるので、そんなときにもDismounterが活躍してくれるでしょう。

空の旅に出かけよう

ここまで、一通りMODの説明をしました。ここでは紹介しきれないほど奥深いMODです。やや複雑ですが、そのぶん自由度が高いと言えますので、ぜひ導入して遊んでみてくださいね。

SECTION 02 ジェットコースターで遊ぼう！

ExRollerCoasterは本格的なジェットコースターを作ることができるMODです。回転やひねりを加えた、遊園地に本当にあるようなジェットコースターを作って楽しみましょう。

MOD名	ExRollerCoaster
URL	http://www.9minecraft.net/exrollercoaster-mod/
バージョン	1.7.10
前提MOD	Forge1.7.10

ジェットコースターで楽しもう

01 自由にジェットコースターを作ることができる

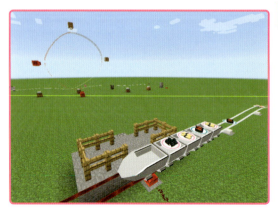

ExRollerCoasterは遊園地にあるような複雑なジェットコースターを作ることができるMODです。バニラのマインクラフトのトロッコでは実現できない加速や回転、ひねりといった複雑な動きをするコースターの作成が可能です。

02 ひねりやループを加えたコースター

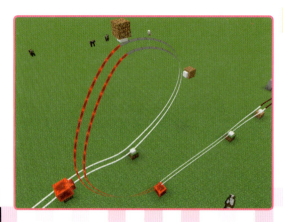

レールの形は自由自在。垂直に一回転させたり、左右にレールをひねったりすることができます。

追加されるアイテム（レール）

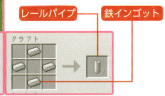

01 基本レール

基本レールはジェットコースターの基本となるレールです①②。下りでは加速し、上りでは減速します。クラフトするにはレールパイプを使います。

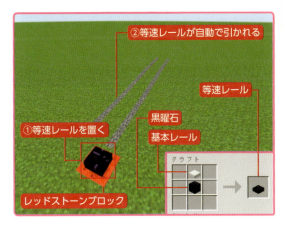

02 等速レール

等速レールはレールの上り下りに関係なく等速でコースターを動かすレールです①②。等速レールを動かすにはレッドストーンの入力が必要なため、レッドストーンブロックの上に置きます。

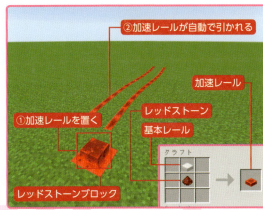

03 加速レール

加速レールはコースターを加速し、コースターのスピードを速くするレールです①②。加速レールを動かすためにはレッドストーンの入力が必要です。

追加されるアイテム（コースター）

01 コースター

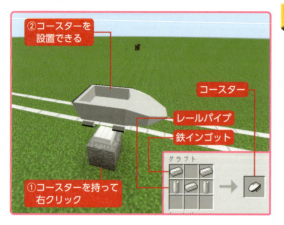

このMODで使うレールに乗るためのコースターです。このコースターを持ってレールブロックを右クリックすると①コースターを設置することができます②。コースターは「Alt」キーを押しながらマウスのホイールを回転させるとコースターのモデルを変更できます。

02 単座コースター

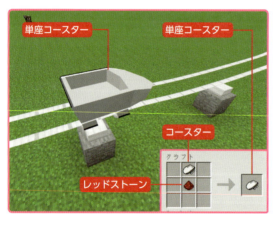

単座コースターは基本的には通常のコースターと変わりませんが、マルチプレイ時に通常のコースターよりなめらかに動く場合があります。単座コースターには連結コースターを接続することはできません。

03 連結コースター

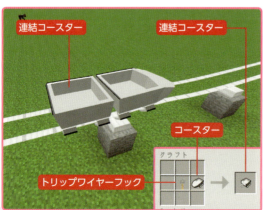

コースターの後ろにつなげることができるのが連結コースターです。いくつもコースターの後ろにつなげて、実際のジェットコースターのような長いコースターを作りましょう。先頭のコースターを右クリックすることで次々とコースターを連結できます。

追加されるアイテム（ツール）

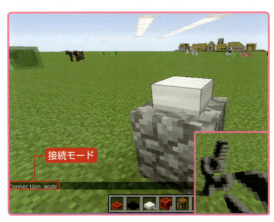

01 レンチ（接続モード）

レールの接続や向きを調整するためのツールです。レール同士をつなぐConnection mode（以下接続モード）と、レールの向きを変更するAdjustment mode（以下編集モード）を切り替えて使います。

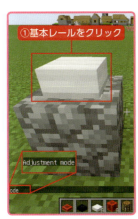

02 レンチ（編集モード）

レンチを持って基本レールをクリックすると①、編集モードに切り替わります②。レンチは鉄インゴット4個とレールパイプ1個で作ります。

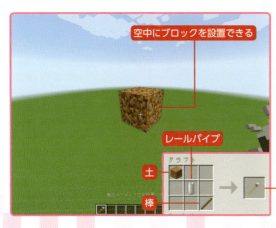

03 魔法のブロック 空中設置ステッキ！

何もない空中に土ブロックを設置することができるツールです。レールを空中に設置するための足場として使うと便利です。

コースターのレールの引き方を知ろう

01 レールを装備する

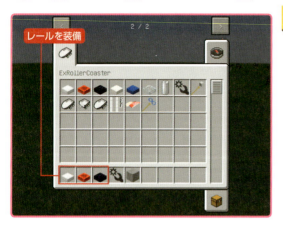

ExRollerCoasterには6種類（基本レール、加速レール、等速レール、検知レール、分岐レール、透明レール）のレールがありますが、その基本となる3種類のレール（基本レール、加速レール、等速レール）を使ってレールを引いていきましょう。3種類のレールをインベントリに入れておきます。

02 レールを敷きたい方向を向く

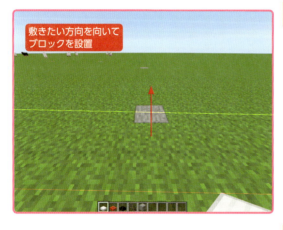

レールを敷く場所を右クリックすると、レールが敷かれます。レールはプレイヤーの正面の向きに敷かれていくので、敷きたい方向を向いてから、レールブロックを置くようにしましょう。

03 レールが敷かれる

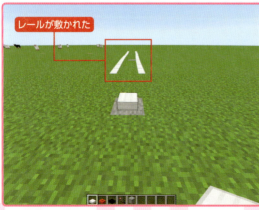

レールが敷かれました。レールの種類や向きを間違えた場合はレールブロックを壊して、もう一度レールブロックを置きましょう。

04 レールを次々と敷く

考えているコースに合わせてコースターを次々と置いていきましょう。加速レールや等速レールを置くときには、下にレッドストーンを置いておきます。レールの先にさらにレールブロックを置くと、自動的につながるようになっています。ただし、全部のレールが自動的につながるわけではないので注意してください。

05 テスト用のコースが完成

テスト用のコースができました。ただし、これでコースが完成したわけではありません。近づいて見てみましょう。

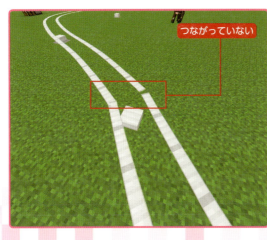

06 つながっていないレール

レール同士がつながっているように見えても、よく見ると離れている場合があります。その場合、レールをつなげないとコースターが途中で止まってしまいます。

コースターのレールをつなぐ

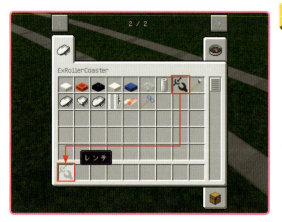

01 レンチを装備

続いてレンチを装備します。レンチはレールをつなげたり、レールの向きを変えるときに使うツールです。レンチを持って、空中に向けて左の「Shift」キー＋右クリックで接続モード（Connection Mode）にします。

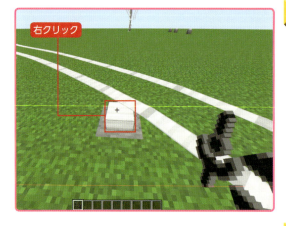

02 レールをつなぐ①

レンチを接続モード（Connection Mode）にしたら、つなぎたいレールブロックを右クリックします。

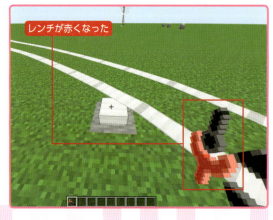

03 レールをつなぐ②

レールを右クリックするとレンチの色が赤に変わります。この状態のまま次のレールブロックに向かいましょう。

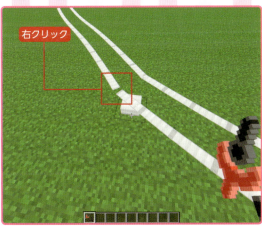

04 レールをつなぐ③

赤くなったレンチを、つなぐ先のレールに向けて右クリックするとレールがつながります。レンチの色は元の色に戻ります。

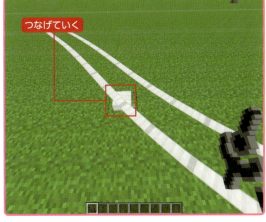

05 コースを作っていく

手順 03 、 04 を繰り返し行い、レールをつなげていきましょう。

HINT 間違えたとき

レンチで間違えたレールを触って赤くしてしまった場合は、レンチを空中に向けて左の「Shift」キー+右クリックを2回すると、リセットされます。

魔法のレール全部滑らかにしちゃうステッキ！

右クリックするとレールをすべて滑らかにできる「魔法のレール全部滑らかにしちゃうステッキ！」という便利なアイテムもあります。うまく動けば全部のレールのつながりが一気に滑らかになります。ただし、利用する環境によっては、使用時にマインクラフトがクラッシュしてしまう場合があります。ご注意ください。

コースター乗り場を作ってみよう

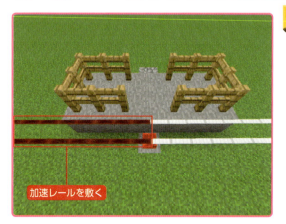

01 加速レールを敷く

コースター自体には推進力がありません。コースターが動くのは下りの基本レールや、レッドストーン入力のある加速レールや等速レールに乗ったときだけです。まず、乗り場の前に加速レールを敷き、スイッチを押すとこのレールの加速がオンになるようにします。

加速レールを敷く

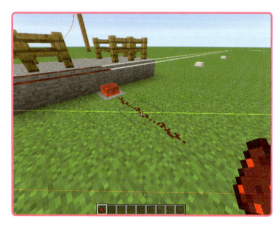

02 レッドストーンを置く

加速レールからレッドストーンを置いてスイッチを作る予定の場所まで伸ばします。

スイッチ用の石ブロック

03 スタートボタンを置く場所を決める

石ブロックなどを使い、加速レールにつながるスイッチを作ります。スイッチはコースターが発進するときも1周回ってコースターが戻ったときでも、ボタンが押せる場所にしておくと良いでしょう。

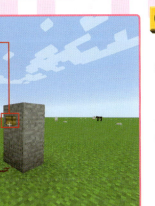

04 スタートボタンを設置する

石ブロックにボタンをつけて、ジェットコースターのスタートボタンを完成させましょう。スイッチを押して、加速レールが赤くなれば、スイッチが正常に動いていることがわかります。うまくスイッチが動かない場合はレッドストーン回路を見直してください。

05 スタートボタンの完成

ボタンを押すとコースターがスタートする仕組みができました。それではこのスイッチを押してレールに動力が伝わるか確認してみましょう。

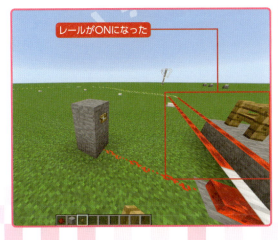

06 レールに動力が伝わった

ボタンを押すとレールが赤くなりました。これでコースターを動かす仕組みが完成しました。

コースターに乗ってみよう

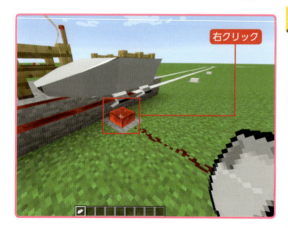
右クリック

01 コースターを置く

コースターを、乗り場の加速レールの上に置きます。コースターを持ってレールブロックを右クリックするとコースターを設置できます。

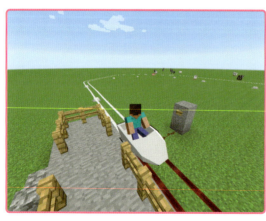

02 コースターに乗り込む

コースターを右クリックするとコースターに乗り込むことができます。コースターから降りるには左の「Shift」キーを押します。

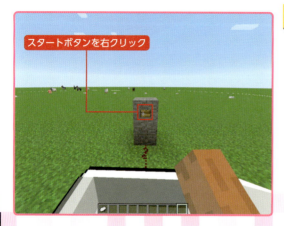
スタートボタンを右クリック

03 コースターを動かす

コースターに乗ったまま、先ほど作ったスタートボタンを右クリックすると、コースターが動き出します。

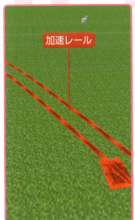
加速レール

等速レール

04 加速レールと等速レール

加速レールではコースターが加速します。等速レールではレールがどのような向きになっていても一定の速度でコースターが進みます。ただし、レッドストーンの入力がないと、ブレーキがかかってコースターが止まってしまいます。

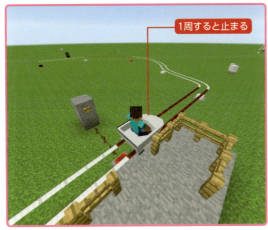
1周すると止まる

05 1周するとコースターが止まる

1周すると、最初にスタートボタンでオンにした加速レールがオフになっているので、コースターが自動的に止まります。

HINT コースターが止まる?

急な角度で曲がっているレールや、速度が足りていない上り坂の基本レール、つながっていないレールがあるときは、コースターが止まってしまいます。その場合、レンチツールや、レールブロックを置き直してコースターを動かしてください。

山なりにレールを敷く（キャメルバック）

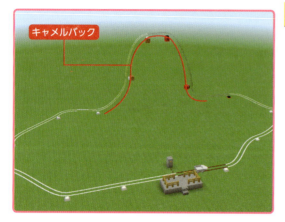

01 キャメルバックの形

上に登って、下に降りる、ジェットコースターの基本的な仕組みを作ります。この上り下りのコースはラクダの背中のように見えることからキャメルバックと呼ばれています。

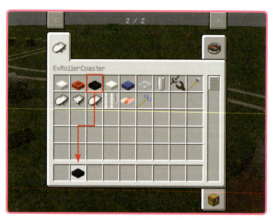

02 レールを準備（等速レール）

キャメルバックを作るには、基本レールと等速レールの2つのレールを使います。等速レールは上り坂に使います。等速レールでは上り坂でも前に進むことができます。

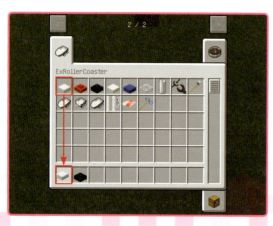

03 レールを準備（基本レール）

下り坂で一気に加速させるには基本レールを使います。重力にしたがってコースターが下りながら加速していきます。

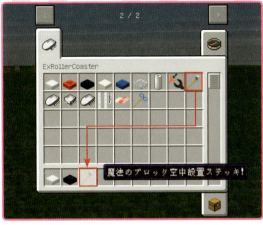

04 魔法のブロック空中設置ステッキ！

空中にレールを敷くときには、この「魔法のブロック空中設置ステッキ！」を使うと便利です。このステッキを使うと、下にブロックがなくても、空中にブロックを置くことができます。

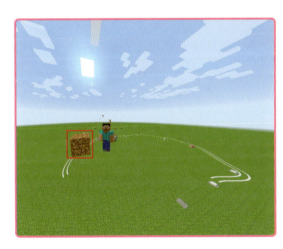

05 魔法のブロック空中設置ステッキ！の使い方

「魔法のブロック空中設置ステッキ！」を装備して右クリックすると、下にブロックがなくても土ブロックを前方に置くことができます。この土ブロックをレールブロックを置く土台として使います。

06 土台となる土ブロックを設置

キャメルバックを意識して、空中に山なりに土ブロックを置いていきます。どのようなコースを作りたいかイメージしながら、土ブロックを設置していきましょう。

キャメルバックを作る(上り)

01 等速レールを設置

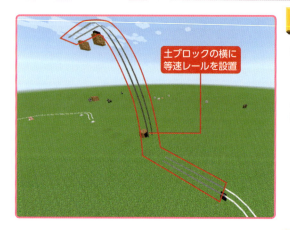

土ブロックの横に等速レールを設置

空中に置いた土ブロックを土台にして、上りのレールを設置していきます。基本レールでは上り坂を上に進めないので、等速レールを敷いていきます。

02 レールの下にレッドストーンブロックを置く

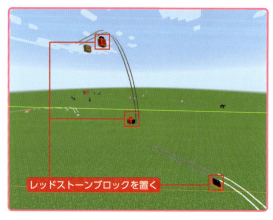

レッドストーンブロックを置く

等速レールには、レッドストーンブロックで動力を供給する必要があります。レッドストーンブロックを等速レールブロックとつなげておきましょう。

03 レンチツールでレールをつなげる

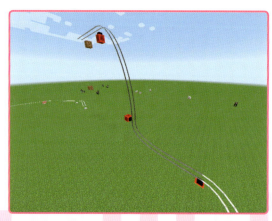

等速レールをレンチツールの連結モードでつなげていきます。カーブの角度はレンチツールの編集モードで調整することができます。

キャメルバックを作る（下り）

01 基本レールを設置

空中に置いた土ブロックを土台にして、下りのレールを設置していきます。上りのレールと違い、下りのレールでは基本レールを置いておけば自動的にコースターが下に降りていきます。

土ブロックの横に基本レールを設置

02 レンチツールでレールの角度を調整する

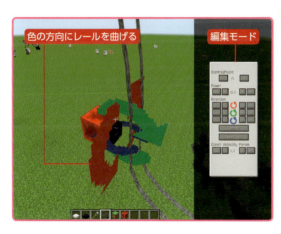

色の方向にレールを曲げる　編集モード

基本レールをレンチツールの連結モードでつなげていきます。カーブの角度はレンチツールの編集モードで調整することができます。

03 キャメルバックが完成

キャメルバックが完成しました。コースターの乗り場とレールをつないでうまく動くか試してみましょう。

さらに高度なコースやコースターを作る

01 分岐レールの利用

コース作りに慣れてきたら、複雑なコースを作ってみましょう。分岐レールは2方向に分岐するレールです。レバーにつないで、分岐先を変更できます。コースを自動で切り替えることもできます。

コースターの行き先を変えられる
レバー
基本レール
クラフト
分岐レール

02 透明レールの利用

透明レールで空中を浮遊しているような、スリリングなコースを作ることができます。透明レールの機能は基本レールと同じです。

透明レールを持っているときは見ることができる
基本レール
ガラス
クラフト
透明レール

03 透明レールを見えなくする

透明レールは、アイテムとして手に透明レールを持っていないときにはレールが見えなくなります。

透明レールを持っていないと見えなくなる

コースターの車両を増やす

01 コースターをつなげる

コースターをつないで、何両もコースターがつながっている実際のコースターのようなコースターを作ることができます。

02 先頭のコースターを置く

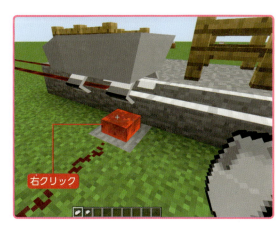

コースターを持って、レールブロックをクリックして、先頭のコースターを置きます。単座コースターには後ろのコースターを設置できないので注意してください。

03 連結コースターを接続

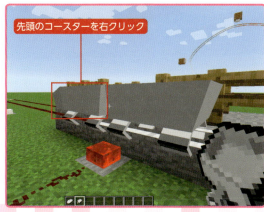

連結コースターを持って先頭のコースターを右クリックしていくと、コースターが後ろにつながっていきます。

垂直ループを作る

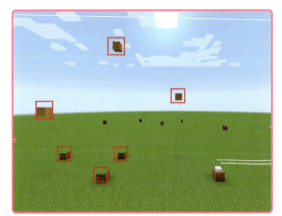

01 土台となるブロックを空中に設置

魔法のブロック空中設置ステッキ！を使って、垂直ループの土台となるブロックを設置していきます。垂直ループの角度を考えてブロックを置いていきましょう。

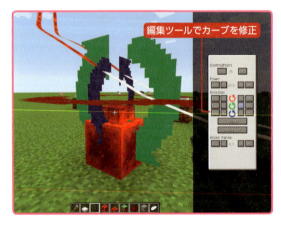

編集ツールでカーブを修正

02 レールを設置し、つなげる

レールを設置して、レンチツールで接続していきます。垂直ループに入る前にコースターを十分加速しておくようにすると良いでしょう。

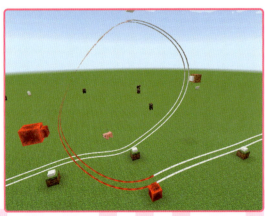

03 垂直ループが完成

縦にコースターが1回転するジェットコースターが完成しました。コースターを走らせて動きを見て、調整していきましょう。

コースの上に寿司を設置する

01 寿司を取り出す

このMODでは、ジェットコースターの飾りとしてレールの上にSUSHI（以下寿司）を置くことができます。寿司を取り出します。

02 寿司を設置

レールブロックを右クリックすると、レールの上に寿司を置くことができます。寿司を右クリックするとその場所で回転します。もう一度右クリックすると反回転し、再度クリックすると停止します。

03 さまざまなネタの寿司を設置

寿司はコースターの上にも設置することができます。寿司ネタはマグロ、鉄火巻、たまご、えびなどがあります。置いたときにランダムに変わります。とてもおいしそうですが、食べることはできません。残念。

SECTION 03 パイロットになってみよう！

MCヘリコプターMODは、マインクラフトの世界にヘリコプターや戦闘機、UAV（無人航空機）、ラジコン、対空兵器などを追加するMODです。飛行機やヘリコプターを使った戦闘や飛行を楽しむことができます。

MOD名	MCヘリコプター MOD
URL	https://www.curseforge.com/minecraft/mc-mods/mcheli-minecraft-helicopter-mod/files ※
バージョン	1.7.10
前提MOD	Forge1.7.10

ヘリや飛行機を操縦しよう

01 操縦席に入る

飛行機やヘリコプターを設置して、コックピットに近づきます。操縦席と助手席など複数の席がある機体もあります。

02 右クリックで搭乗

操縦席の下のあたりを右クリックして乗り込みます。左の「Shift」キーで飛行機から降りることができます。

03 操縦席（ヘリコプター）

「W」キーでスロットルを上げ上昇

ヘリの操縦席です。「W」キーで上昇、「A」キー、「D」キーで左右の平行移動ができます。マウスで機体の向きを変えれば前進、後退できます。

04 操縦席（飛行機）

「W」キーで加速して離陸

「W」キーを押したままにするとスロットルが上がり、飛行機が加速すると離陸します。離陸には滑走路として使用できる場所が必要です。

※zipファイルを解凍してmodsフォルダーに配置、元のzipファイルはmodsフォルダーには入れない

操縦してみよう

可能な操作が表示される

01 ヘリコプターを動かす

ヘリコプターに乗って空中で「Space」キーを押すとホバリングモードになり、その場にとどまることができます。また、「Ctrl」＋「C」キーを押すと精密な射撃ができるガンナーモードになります。可能な操作は機体や座席によって異なります。

可能な操作は機体や座席によって異なる

02 飛行機を動かす

一部の飛行機は空中で「F」キーを押すとヘリコプターのようなVTOL（垂直離陸）モードになり、その場にとどまることができます。また、「Ctrl」＋「C」キーを押すと精密な射撃ができるガンナーモードになります。

CHAPTER 4 乗り物系MODで遊ぼう！

HINT 主なキー割り当て

飛行機（ヘリコプター）の操作

マウスを上下に	上昇降下（前進後退）
マウスを左右に	左右に旋回
W	加速（上昇）
S	減速（急降下）
A/D	左右に平行移動（飛行機は地上移動時のみ）
Z	ハッチの開閉
R	補給画面を開く
Left Shift	機体から降りる
E	インベントリを開く
Y	パイロット以外を降ろす

モード変更（ON/OFF）

Space	ヘリコプターをホバリングモードに（ホバリング中はW/S/A/Dで平行移動）
Ctrl+C	ガンナーモード（ガンナーモードではZでズーム）

攻撃

右クリック	武器使用
G	武器切り替え
C	ナイトビジョンに切り替え
V	フレア（ミサイルを無効化）

※ 機体や座っている場所によって可能な操作は異なります。

武器で攻撃する

機体によっては操縦席以外にも席がたくさんあるので注意

01 乗り込む

操縦席を右クリックして乗り込みます。操縦席の下あたりを狙うと乗り込みやすいです。

緑色の枠の真ん中に合わせる

02 照準を合わせる

攻撃目標を照準の真ん中に合わせましょう。ガンナーモードにすると「Z」キーでズームすることができます。

武器が発射された

03 攻撃開始

右クリックで乗り物に搭載された武器での攻撃が行われます。武器のない座席や機体もあるので、武器のある機体や席で攻撃しましょう。

弾薬・燃料を補充する

01 燃料の補充

サバイバルモードでヘリコプターや飛行機などを動かす際には燃料や弾薬が必要です。クリエイティブモードでは燃料は無限です。

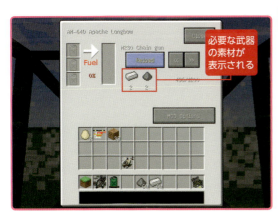

必要な武器の素材が表示される

02 弾薬の補充

サバイバルモードで武器で攻撃するには弾薬が必要です。素材を持って補充する必要があります。クリエイティブモードでは弾薬は無限です。

CHAPTER 4 乗り物系MODで遊ぼう！

HINT カラーバリエーション

飛行機やヘリコプターにはカラーバリエーションが用意されているものもあります。好みの色の機体で楽しみましょう。

HINT 製図台

MCヘリコプターMODでのクラフトには製図台を使うと便利です。作りたい機体を選ぶだけで機体を作成できます。

素材を自動で選んでくれる

ヘリコプターに乗ってみよう

01 飛行機を選ぶ

MCヘリコプターMODではたくさんのヘリコプターを使うことができます。通常のヘリコプターや、戦闘ヘリコプターなど、さまざまな機体があります。好きなヘリコプターを選んで使ってみましょう。ここから紹介する機体の名称はMOD内で表示される名前です。

Bell 206L ロングレンジャー

「レンチ」で「Shift」キー＋右クリックで色変更できます。

計6人乗れる輸送ヘリ

アメリカで開発されたヘリを模したヘリコプター。カラーバリエーションが豊富です。

ロビンソン R44

小型で遊覧向き

日本でも民間で利用されているヘリを模したヘリコプターです。

F1282 コリブリ

偵察ヘリ

世界で最初に実戦投入されたヘリを模したヘリコプターです。「コリブリ」はハチドリという意味です。

AH-6 キラーエッグ

地上の敵も一網打尽

小型の武装ヘリ。機体に機関銃が装備されています。

川崎 OH-1

機動力のあるヘリ

日本製の偵察ヘリを模したヘリコプター。2人乗りの小型機です。

MH-6 リトルバード

武装がないヘリ

AH-6 キラーエッグの武装する前のヘリ。輸送ヘリとして活用できます。

Bell47G

視野が広く扱いやすい

小型で扱いやすいヘリコプターです。カラーバリエーションは赤・黄色・黒。

CH47 チヌーク

大型輸送ヘリ

後方にハッチを備えた大型輸送用ヘリコプターです。武装はありません。

MH-60G ペイヴホーク

輸送ヘリ

アメリカ製の輸送ヘリを模したヘリコプター。12人搭乗可能です。

MH-53E シードラゴン

水陸両用ヘリ

特徴的な模様がついた大型の輸送ヘリコプターです。水上に浮くこともできます。

AH-64 アパッチ ロングボウ

攻撃ヘリなのでガンナーモードが使用可能

各国で利用されている攻撃ヘリを模したヘリコプター。もちろんガンナーモードが使えます。

Bell207 スー スカウト

最低限の機能を備えた攻撃ヘリ

小型の攻撃ヘリコプターです。攻撃の練習に最適なヘリ。

EC665 ティーガー UHT型

飛行速度が速い

スティンガー（携帯式の対空ミサイル）が搭載された攻撃ヘリコプターです。

Ka-50N ホーカムA

ナイトビジョンがあるので夜間戦闘も可能

ロシアで開発された攻撃ヘリを模したヘリコプター。カラーバリエーションは2色あります。

Ka-52 ホーカムB

Ka-50Nに似ている

Ka-50Nの後継機種を模したヘリコプターです。こちらもカラーバリエーションは2色。

Mi-28N ハボック

ロシアで開発された攻撃ヘリを模したヘリコプターです。

NHインダストリーズ NH90-TTH

ヨーロッパの航空機メーカーが製造したヘリを模した汎用ヘリコプター。

PZL W-3PL グウシェッツ

特徴的な模様がある

ポーランドで設計・製造されたヘリを模した汎用ヘリコプター。

SH-3 シーキング

フロート(浮き舟)付きで海上飛行も安心

イギリスやスペインで現在も使われている哨戒ヘリを模したヘリコプターです。

SH-60 シーホーク

特徴的な模様

輸送能力もある汎用哨戒ヘリコプター。塗装は4種類あります。

Ka-27 ヘリックス

二重反転式ローター

鉄ブロック5つで作成する哨戒ヘリコプター。ほかのヘリコプターと比べ全高が高いのが特徴です。

Ka-29 ヘリックスB

Ka-27に似て二重反転式ローターと高い全高が特徴です。

飛行機に乗ってみよう

01 飛行機を選ぶ

MCヘリコプターMODではたくさんの飛行機を使うことができます。レトロな飛行機から、最新の飛行機、垂直に離陸できるVTOLなど、さまざまな機体が用意されています。機体の名称はMOD内で表示される名前です。

零式艦上戦闘機21型

いわゆるゼロ戦

過去に使われていた艦上戦闘機を模したものです。翼端が折りたためます。

二式飛行艇

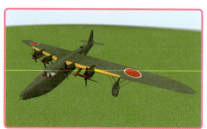

過去に使われていた大型飛行艇を模したものです。大きな翼が特徴です。

強風

着水しても沈まない

フロート付きの水上の戦闘機です。レーダーは付いていません。

三菱 零式水上観測機

過去に使われていた水上観測機を模したものです。強風と同じようにレーダーはありません。

An-2

2枚の主翼

輸送、農薬の散布、消防などの目的で開発された複葉機（主翼が2枚以上ある飛行機）を模したもの。

セスナ 172

フロート付きの機体

民間向けプロペラ機を模したもの。フロートがあるので水上機としても利用できます。

マッキM33

レース用の水上機

水上機の速度を競うレース専用機として制作された飛行艇を模したものです。

マッキM.C.72

マッキM33と同様に、レース専用機として制作された水上機を模したもの。

ピアッジョ P.180 アヴァンティⅡ

主翼

小翼

イタリア製の民間航空機を模したものです。主翼が後ろに、胴体の先端に小翼が付いています。

エンブラエル EMB-314

複座式

ブラジルで製造された軽攻撃機を模したもの。座席が2つ付いています。

AV-8B ハリアーⅡ

アメリカで運用されるV/STOL（垂直・短距離離着陸）機。汎用性の高い攻撃機。夜間の戦闘も可能です。

BAe ハリアーⅡ

対地攻撃が可能

イギリスで運用されるV/STOL機を模したものです。

パナヴィア トーネード GR.4

ヨーロッパの国々が共同開発したマルチロール機を模したもの。

パナヴィア トーネード IDS

ピンポイントでの攻撃も得意

トーネード GR.4と同様に、ヨーロッパの国々が共同開発したマルチロール機を模したものです。

C5A ギャラクシー

大型の長距離輸送機

アメリカで運用されている超大型長距離輸送機を模したもの。大きな機体が特徴です。

MV-22 オスプレイ

垂直上昇できる輸送機

ヘリコプターのように垂直上昇できるティルトローターを装備した航空機。後部のハッチを開閉できます。

F-15E ストライクイーグル

優れた飛行性能を持ち、攻撃力も高い戦闘爆撃機です。

F-15 S/MTD

現在も実験を継続中のマルチロール機を模したものです。エアブレーキも利用できます。

F-35A ライトニング II

バランスの取れた戦闘機

アメリカ製の戦闘機を模したもの。レーダーなどのセンサー類から探知されにくい特徴（ステルス性）があります。

F-35B ライトニング II

F-35A ライトニング II と形が似ていますが、垂直離着陸ができる点が異なります。

F-35C ライトニング II

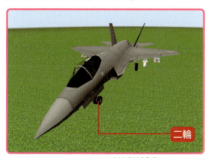

二輪

F-35A ライトニング II の艦上戦闘機版です。前輪は二輪になっており、翼は折りたたむことができます。

F-14D スーパートムキャット

日本では某映画で使用されたことで有名になった艦上戦闘機を模したものです。主翼の後退の角度を変えられます。

F-22A ラプター

敵に見つかりにくい

バランスの取れた装備があり、隠密性が高いのが特徴のステルス戦闘機です。

F-4A ファントムII

アメリカ製の艦上戦闘機を模しており、搭載量の大きさが特徴です。

F/A-18F スーパーホーネット

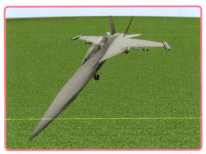

椅子が2つある複座になっており、夜間戦闘も可能なジェット戦闘機です。

MiG-29 フルクラム

機動力に優れている

旧ソビエト連邦で開発された戦闘機を模したものです。機動性の高さが特徴の戦闘機です。

Su-33 フランカー D

小型の空母にも載せやすい

特徴的な模様のある艦上戦闘機。主翼は折りたたむことができます。

Su-47 ベールクト

ロシア連邦で開発されたジェット戦闘機を模したもので、先端が細くとがっているのが特徴的です。

US-2救難飛行艇

水上でも活躍

日本で運用されている救難飛行艇を模したものです。着水することも可能。

B-29 スーパーフォートレス

アメリカが設計・製造した大型爆撃機を模したものです。

E767

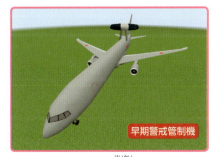

早期警戒管制機

アメリカが開発した早期警戒管制機を模したもの。早期警戒管制機とは、航空機などの探知・分析を行う機種のことです。

T-4（中等練習機）

曲芸飛行もできる練習機

日本でも使われ、ドルフィンなどと呼ばれる練習機を模したものです。曲芸飛行も可能。

B-2A スピリット

大型のステルス爆撃機です。ナイトビジョンがあるので夜間も利用可能。

AC-130 H スペクター

後部のハッチは開閉可能

大きな翼が特徴。ガンナーモードに切り替えも可能です。

UAV（無人航空機）を動かしてみよう

01 無人機を動かす

UAVやラジコンはステーションがないと動かせない

UAVとは人が搭乗しない、無人機のことです。無人機に乗り込むことはできないため、ステーションから操縦します。無人機を設置する前に、無人機を動かすための専用のステーションを設置しておきます。

02 無人機のステーション

UAV地上誘導ステーション

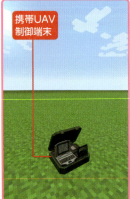

携帯UAV制御端末

UAV地上誘導ステーション、もしくは携帯UAV制御端末を設置します。携帯UAV制御端末では一部の大型機を動かすことはできません。

BQM-74E CHUKAR III（標的機）

対ミサイル用の高速無人標的機です。

MQM-170 アウトロー（標的機）

こちらも標的機です。無人飛行をします。

X-47B ペガサス

敵に見つかりにくい無人攻撃機

開発中のステルス無人戦闘攻撃機を模したものです。

MQ-9 リーパー

フロート付きの機体

アメリカを始めとした各国で使用されている無人航空機を模したもの。ガンナーモードに切り替えられます。

ボーイング AH-6

カメラを搭載

遠隔操作のほか、有人飛行も可能とされている無人機です。機種の下にカメラがあり、カメラ位置の視点から操縦します。

MQ-8B ファイアスカウト

無人偵察機

アメリカが開発した無人航空機を模したもの。偵察や戦場認識などを行います。

RC Goblin

ラジコンヘリコプター

1ブロックに収まるほど小さなラジコンヘリです。赤・青・黄の3色が用意されています。

RC Goblin with Bomb

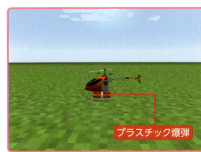

プラスチック爆弾

RC Goblinを改造したもので、プラスチック爆弾を搭載できます。小さいので小回りがききます。

自動車や戦車に乗ってみよう

01 陸上の乗り物

戦車や自動車など陸上の乗り物にも乗ることができます。空を飛ぶことはできませんが、操縦方法は飛行機やヘリコプターと同じです。機体の名称はMOD内で表示される名前です。

スカイラインGT-R BNR32

乗車して運転できます。もちろん武器はありません。

グラウラー ITV

アメリカで開発された軽汎用車両を模したものです。

MXT-MV ハスキー TSV

防御力と機動性に優れた車両です。

チェンタウロ偵察戦闘車

戦車と装甲車の要素をもつ戦闘車です。攻撃も可能。

KV-2 ギガント

旧ソビエト連邦で開発された重戦車を模したものです。ギガントとは「巨人」という意味です。

M1A2 エイブラムス

アメリカが開発した戦車を模したものです。

M26 パーシング

アメリカが開発した重戦車を模したものです。

Merkava Mk.4

イスラエルが開発した主力戦車を模したもので、防御力に優れています。

T-90 主力戦車

旧ソビエト連邦と、現ロシア連邦が開発した主力戦車を模したものです。

T-84 オプロートM

ウクライナで開発された主力戦車を模したものです。機動力が高いです。

その他のアイテム（船、武器）

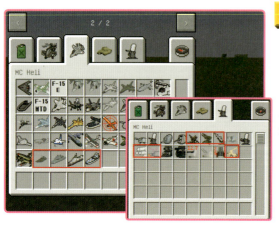

01 船に乗ってみよう

MCヘリコプターMODで追加されるのは、飛行機やヘリだけではありません。水の上において楽しめる船や、飛行機やヘリコプターを地上から攻撃できる対空兵器、船舶を攻撃できる魚雷などを使って、さらにさまざまな楽しみ方をすることができます。陸海空のさまざまな場所で戦闘や航海を楽しみましょう。

ゴムボート

低コストで作れる

水上移動するためのゴムボートです。低コストで作れるのでゲーム序盤に使うのがおすすめ。

Mk.5 特殊任務艇

攻撃できる

アメリカ海軍が保有する特殊作戦用のボートを模したものです。攻撃も可能です。

プロジェクト1204 Shmel国境警備艇

高い武装力を備える

小型の警備艇です。作るのにコストがかかりますが、武装力の高さが魅力です。

スティンガー 390X

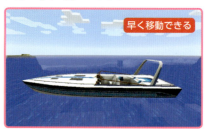

早く移動できる

スピードが早く、すばやく遠洋に出られるボートです。

対空機関砲 VADS

航空機関砲

アメリカ軍で開発され、多くの国で採用されている対空機関砲を模したものです。

ボフォース 40 mm-l60

対地対空どちらも使える

スウェーデンで開発された対空機関砲を模したものです。

MIM-23 ホーク

地対空ミサイル

アメリカで開発された地対空ミサイルを模したものです。飛んでいるヘリコプターなどを撃ち落とせます。

S-75 地対空ミサイル

威力が大きい

旧ソビエト連邦で開発された迎撃用の地対空ミサイルを模したものです。威力は高いものの、ロックオンに時間がかかるのが難点です。

Mk 32 短魚雷発射管

アメリカで開発された魚雷発射管を模したもので、コンパクトなのが特徴です。

九三式魚雷

船を攻撃できる

燃料の酸化剤として酸素を使用する酸素魚雷。爆発力が高いのが特徴です。

SECTION 04 線路はどこまでも続く

RealTrainModではマインクラフトの世界にリアルな電車を追加することができます。製作工程が楽しめて、駅に使えそうなブロックも追加される、鉄道マニアもそうでない人も楽しめるMODです。

MOD名	RealTrainMod
URL	https://minecraft.curseforge.com/projects/realtrainmod/files/2551988
バージョン	1.12.2
前提MOD	Forge 1.12.2 NgtLib

RealTrainModを知ろう

01 電車が追加される

RealTrainMod（以下RTM）を導入すると、マインクラフトの世界にリアルな電車を追加することができます。デフォルトでも10種類近くあり、有志の作成している追加パックでさらに増やすこともできます。

02 運転もできる

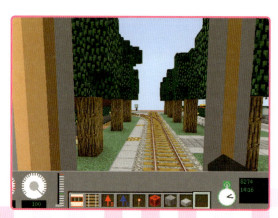

追加された電車は乗り込んで運転することも可能です。運転席だけでなく客席に座ることもできるので、のんびり鉄道の旅を満喫することもできますよ。音にもこだわって作られており、走行中はかなりリアルな走行音が楽しめます。

鉄道の線路を作ろう

01 線路はまずマーカーを設置する

線路の敷き方が独特で、最初は少し戸惑うかもしれません。赤と青の「マーカー」（赤）と呼ばれるアイテムを使い、2つの矢印が内側を向くように設置しましょう。PCスペックによりますが、あまり長い距離で敷設しようとするとうまくいかない場合もあります。

02 レールを設置する

マーカーの設置ができたら、レールを持って右クリックしてみましょう。マーカーがきちんと設置されていれば、線路が現れます。何も起きないときは余分なマーカーがないかチェックしたり、距離を縮めたりしてみましょう。

03 分岐もできる

分岐用マーカー（青）を使うことで分岐点を作ることもできます。分岐の起点に分岐用マーカーを①、終点に赤いマーカーを内向きになるように置きましょう②。このほかにも両渡りにしたり、線路同士を十字にクロスさせることもできます。

あまり急角度にならないように

04 マーカーをクリック

分岐用にマーカーが設置できたら、青い矢印をクリックしてみましょう。問題がなければこのように分岐した線路ができあがります。あまり角度が急だと走行に問題が出ますので、できるだけ緩やかに曲がるように気を付けましょう。

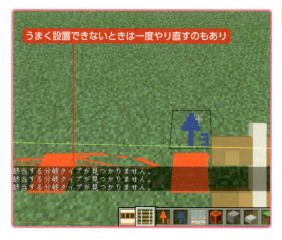

うまく設置できないときは一度やり直すのもあり

05 うまくいかないとき

分岐用のマーカーがうまく設置できていないと、該当する分岐タイプが見つからないと表示されます。どうしてもうまくいかないときは、一度マーカーを全て消してやり直してみましょう。基本的な分岐については覚えておきましょう。

手動切り替え転轍機

06 分岐点の切り替え

分岐点はレッドストーン信号で切り替え可能です。信号を出力するための装置、転轍機がありますので画像のように設置することで切り替え可能になります。転轍機はレバーと同じように使います。

車両を設置しよう

①アイテム気動車を持つ
②線路を右クリック

01 車両を設置する

線路の敷設が済んだら、いよいよ車両の出番です。アイテム気動車を持って線路を右クリックしましょう①。目の前に巨大な電車が現れましたね②。これで電車を走らせる準備は終了です。

①台車の部分を右クリックして選択メニューを表示
②選択

02 車両を変えるとき

設置する車両を変えたいときは、アイテム気動車を持ったまま電車の台車部分を右クリックしましょう①。選択メニューが出ますので、好きな車両を選んで②、再設置すれば変わります。台車のクリックはほかの場合でも使う基本動作ですので覚えておきましょう。

①バールを持つ
②連結器を右クリック
③連結モードと出たら車両を接触させる

03 連結も可能

車両同士の連結も可能です。追加アイテムにバールがありますので、持った状態で連結器のやや下を意識して右クリックしましょう①。連結モードと表示されたら②、車両同士を接触させると連結できます③。

電車を運転しよう

01 運転席に乗り込む

速度の表示

何も持たずに台車を右クリックすると、運転席に乗り込むことができます。「S」キーで発車可能です。電車の速度は左下のバーで確認できます。安全運転で行きましょう。減速は「W」キーです。

02 車内灯と前照灯をオンにする

①「Setting」をクリック
②オンにする

乗り込んだ状態で「E」キーを押すと、アイテムメニューが表示されます。上部メニューの「Setting」をクリックすると①、車内灯と前照灯をオンにできます②。これで夜間の走行も安心。なお、発車するときはドアを閉めておきましょう。

！ カーブで引っかかる

カーブの内側は、引っかかりやすいので注意しましょう。引っかかるとそのまま脱線してしまうこともあります。せっかく作った鉄道ですので、快適に乗れるように障害になりそうなものがあったら撤去しましょう。

カーブで引っかかった！

踏切を設置しよう

01 レッドストーンで制御できる

踏切に代表される機械類はレッドストーン（RS）で制御可能です。列車の通過を検知する装置も追加されますので、うまく利用することで通過時だけ閉まる踏切を作ることができます。方法を覚えておけば信号などでも応用できますので紹介します。

入力コネクター
信号変換器（Signal to RS）
入力コネクター

02 信号変換器を使う

RTMで追加される信号変換器（Signal to RS）と入力コネクターを使います。入力コネクターは左の「Shift」キー＋右クリックで挿します。線路に設置された検知器から信号を受け、信号変換器でRS出力する装置として働きます。

検知器は踏切からかなり離す
ワイヤ
7ブロック開けて2個置く

03 信号変換器（Signal to RS）とつなぐ

まず線路に列車検知器を置きます。ワイヤを持ち入力コネクターを右クリックします。すると持っているワイヤとつながるので、検知器まで行き、右クリックで2個がつながります。これで列車通過の信号が受けれるようになりました。検知器同士はもっと距離をとるようにしてください。

04 信号変換の条件

信号変換器（Signal to RS）を右クリックすると、どのような信号を受けたとき変換するかの条件を設定できます。今回は1以上の信号を受けたときに出力するように設定します①②③。これで、検知器から信号を受け取るとRS出力するようになりました。

05 回路を作る①

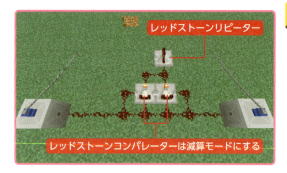

続いて、信号が来たときにRS出力する部分を作ります。図のように回路を組んでみましょう。レッドストーンコンパレーターは右クリックして先端が光る減算モードにしておいてください。細かく知りたい場合はインターネット上でXORと入力して調べてみましょう。

06 回路を作る②

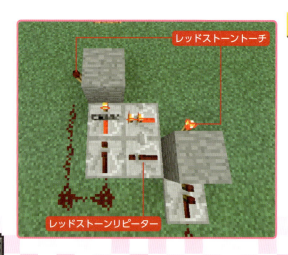

反転した信号を保持する回路を作ります。全てレッドストーンリピーターで図のように置いてみましょう。遅延は全てデフォルトで良いです。細かく知りたい場合はインターネット上でT-FF回路と入力して調べてみると良いでしょう。

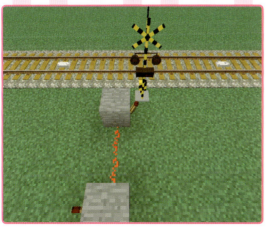

07 回路を作る③

最後は遮断機とつなぎましょう。リピーターで中継することで、遠くの遮断機も遠隔自動操作可能ですし、複数を回路1つで制御することも可能です。この基礎を覚えておいて、信号などに応用してみましょう。

08 回路の完成図

これで完成です。全体図はこのようになっていますか？ うまくできているはずなのに機能しないときは、検知器が近すぎるのかもしれません。バグのときもあり、検知器と入力コネクターを置き直してみるとうまくいくときもあります。もう一歩なので焦らず直してみましょう。

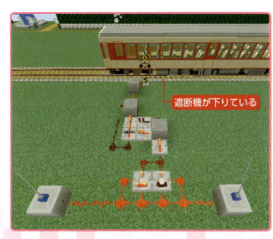

09 実験してみる

それではきちんと機能するか実験してみましょう。最初に注意した通り、検知器は遮断機から両側に距離を開けました。ご覧の通り、電車の通過中は遮断機が下りています。少々面倒かもしれませんが、工夫次第でここまで再現も可能なのがRTMの魅力ですね。

遮断機が下りている

その他の追加建材

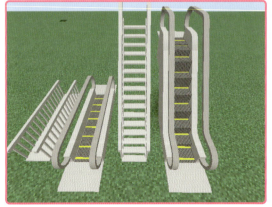

01 階段とエスカレーター

その他の追加建材に鉄製の階段とエスカレーターがあります。足場または階段を持った状態で、空中を右クリックすると選択可能です。エスカレーターは動いていて、乗ると自動的に進行方向に進んでいきます。動く歩道と組み合わせるとかなり面白いですよ。

駅員さん

02 改札と券売機に駅員

とてもリアルな改札機に券売機、さらには何種類もの駅員さんもいます。券売機はまだ正式に追加されているわけではありませんが、架空のお金で切符を買うこともできます。

切符を入れると開く

03 改札もリアル

改札は切符を持って右クリックすることで開きます。2回の使用（入退場）でなくなるなど、細かく作られています。回数券やスイカまである徹底ぶりです。このほかにもたくさんのアイテムが追加されていますので、実際に遊んでみてください。

MC Terrain Editorを使おう

道具にエディタが追加される

01 便利な地形編集機能

RTMの作者が公開している「MCTE」という地形エディタMODを一緒に使いましょう。こちらはゲーム上で選択した範囲を、一括で削除したり、コピーすることが可能です。トンネルを掘りたいときに非常に便利です。導入方法はほかのMODと同じです。

空気は「M」キーで選択可能

02 範囲の指定

エディタを手に持って、編集したい範囲の起点を右クリックします。次に終点を右クリックすると立方体の範囲が指定されます。画像のように空気ブロックを指定したい場合は「M」キーを押し、「Set EditMode」を「1」にすると空気ブロックを選択できます。

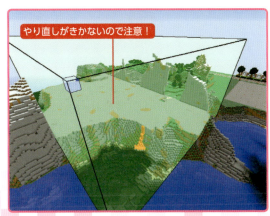
やり直しがきかないので注意！

03 一括で削除

範囲の選択が終わったら、「Delete」キーで削除します。ほかに、地形をPNG画像から生成したり、コピー、ペーストなどができます。ただし、失敗してもやり直しができませんのでくれぐれも取り扱いには注意しましょう。

車両を追加してみよう

01 追加パックを探そう

動作が安定している1.7.10版では有志の方がかなり多数の車両を作ってくれています。カッコいい機関車から、中には浮遊するモアイなどのよくわからないものまであります。1.12.2版ではほとんどがクラッシュしてしまうのが残念ですが、アップデートを待ちましょう。

02 戦車や戦闘機もある

戦車や戦闘機、戦艦から、パトカーやバスなどの車両を追加するパックもあります。もはや電車は関係ないですが、それだけ愛され、幅広い用途に応用可能なMODと言えるでしょう。

03 自作もできる

PCに詳しい方なら作成キットを使って、10分もあればテクスチャを入れ替えたオリジナル車両を追加することが可能です。形を自分で作るのは専門知識が必要になりますが、一度チャレンジしてみてもいいかもしれませんね。

CHAPTER 5

ワールド系MODで遊ぼう！

SECTION 01 さまざまな世界やボスを探検・討伐しよう

DivineRPGは、ワールドにネザーやジ・エンドのような別のディメンジョンを追加するMODです。さらに何十体にも及ぶMOBの追加、100以上のアイテムが追加されます。ここではディメンジョンの行き方を解説します。

MOD名	DivineRPG
URL	http://bit.ly/2Tt7QCU （短縮URL）
バージョン	1.7.10
前提MOD	Forge1.7.10

ドラバイトヒルズに行く準備をしよう

01 ルピー鉱石を入手・精錬する

Rupee Ore（以下ルピー鉱石）は地下に生成されます。ルピー鉱石を採取してかまどに入れ精錬し、Rupee Ingot（以下ルピーインゴット）を入手します。

02 アルマイトを入手・精錬する

Arlemite Ore（以下アルマイト鉱石）もルピー鉱石と同様に地下に生成されます。こちらもかまどに入れArlemite Ingot（以下アルマイトインゴット）を入手します。

03 シャドウバーを入手する

Shadow Bar（以下シャドウバー）はルピーインゴット1個とアルマイトインゴット1個をクラフトすることで入手することができます。

04 ネザーライト鉱石を入手・精錬する

Netherite Ore（以下ネザーライト鉱石）はネザーで生成されるのでネザーに行き入手します。精錬してネザーライトインゴットを入手します。

05 ヘルストーンインゴットを入手する

ネザーライトインゴット5個をクラフトしてNetherite Chunk（以下ネザーライトチャンク）を入手し、それとシャドウバー1個をクラフトしてHelstone Ingot（以下ヘルストーンインゴット）を入手します。

06 コラプテッドストーンを入手する

MOB（Enthralled Dramcryxなど）を討伐してCorrupted Shards（以下コラプテッドシェード）を入手し、それを9個クラフトしてCorrupted Stone（以下コラプテッドストーン）を入手します。

07 ミステリアスクロックを入手する

ヘルストーンインゴット1個と時計1個とコラプテッドストーン3個をクラフトし、Mysterious Clock（以下ミステリアスクロック）を入手します。このアイテムで必要なアイテムをドロップするボスを呼び出せます。

08 ミステリアスクロックを使う

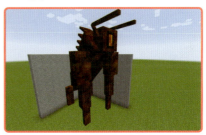

ミステリアスクロックを使うことにより大型ボスのThe Ancient Entityが出現します。討伐することにより必要なアイテムが出現します。

09 ボスのドロップアイテム

ボスを討伐すると剣とDivine Shards（以下ディバインシャード）が手に入ります。ディバインシャード1個と石1個をクラフトし、Divine Rock（以下ディバインロック）を入手します。

10 トワイライトクロックを入手する

時計を9個並べてクラフトすることによりTwilight Clock（以下トワイライトクロック）を入手できます。

11 ポータルを作る

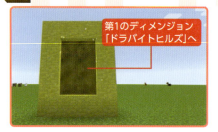
第1のディメンジョン「ドラバイトヒルズ」へ

ディバインロックをネザーゲートと同じように組み立て、火打石と打ち金の代わりにトワイライトクロックで点火します。

HINT ポータルが空中に浮かぶ

ポータルは作った座標によっては空中に浮かぶ場合があるので、はじめは石などなくなってもいいアイテムだけを持ち、足場を作る準備をしておきましょう。

アズライトの森へ行く準備をしよう

01 ドラバイトヒルズ

ドラバイトヒルズは空中に浮かんだ島で常に明るい島になっています。全体的に黄色いのが特徴です。

02 エデン鉱石を見つける

エデン鉱石

ドラバイトヒルズにはカラフルなEden Ore（以下エデン鉱石）があります。次のディメンジョンのアズライトの森に行くのに必要になります。

03 エデンフラグメンツを集める

エデンフラグメンツ

Eden Fragments（以下エデンフラグメンツ）はエデン鉱石をツルハシで掘ることにより入手できます。90個以上必要になるのでたくさん入手しましょう。

04 エデンブロックを入手する

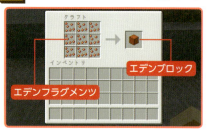
エデンブロック / エデンフラグメンツ

エデンフラグメンツを9個クラフトすることによりEden Block（以下エデンブロック）を入手することができます。

05 アズライトの森へ行くポータルを作る

アズライトの森へ

ドラバイトヒルズに来るときと同じ形でエデンブロックを置きトワイライトクロックで点火しましょう。

HINT 剣の耐久度

ボスを討伐したときに入手できる剣は非常に攻撃力が高いが、耐久値が100回分しかありません。ここぞというときに使いましょう。

ユバイトの島へ行く準備をしよう

01 アズライトの森

アズライトの森は全体的が青く凍土のような見た目になっています。ドラバイトヒルズと同様、常に明るいです。

02 ワイルドウッドフラグメンツを入手する

ワイルドウッド鉱石

Wildwood Ore（以下ワイルドウッド鉱石）を見つけてツルハシで掘るとWildwood Fragments（以下ワイルドウッドフラグメンツ）が入手できます。

03 ワイルドウッドブロックを入手する

Wildwood Block（以下ワイルドウッドブロック）はワイルドウッドフラグメンツを9個クラフトすることで入手できます。

04 ユバイトの島へ行くポータルを作る

ユバイトの島へ

ワイルドウッドブロックでここまでと同様にポータルを作りトワイライトクロックで点火しましょう。

ミスリルの山へ行く準備をしよう

01 ユバイトの島

ユバイトの島は全体的に暗く、ジ・エンドのような雰囲気で木がピンク色なのが特徴的です。

02 アパラチアフラグメンツを入手する

アパラチア鉱石

Apalachia Ore（以下アパラチア鉱石）を見つけツルハシで掘るとApalachia Fragments（以下アパラチアフラグメンツ）が入手できます。

03 アパラチアブロックを入手する

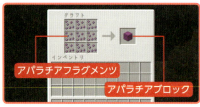

アパラチアフラグメンツ
アパラチアブロック

アパラチアフラグメンツを9個クラフトすることでApalachia Block（以下アパラチアブロック）が入手できます。

04 ミスリルの山へ行くポータルを作る

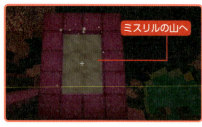

ミスリルの山へ

アパラチアブロックでここまでと同様にポータルを作りトワイライトクロックで点火しましょう。

最後のディメンジョン オーガイトの底へ

01 ミスリルの山

全体的に暗い雰囲気で、ブロックが白いのが特徴的です。

02 スカイザンフラグメンツを入手する

スカイザン鉱石

Skythern Ore（以下スカイザン鉱石）を見つけツルハシで掘るとSkythern Fragments（以下スカイザンフラグメンツ）が入手できます。

03 スカイザンブロックを入手する

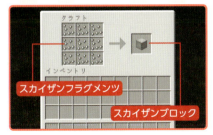

スカイザンフラグメンツを9個クラフトすることによりSkythern Block（以下スカイザンブロック）が入手できます。

04 オーガイトの底へ行くポータルを作る

スカイザンブロックでここまでと同様にポータルを作りトワイライトクロックで点火しましょう。

05 オーガイトの底

オーガイトの底はミスリルの山と似ていますが、全体的に少し茶色くなっており出現するMOBも変わっています。

06 モータム鉱石

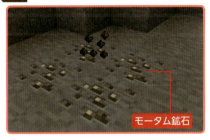

オーガイトの底ではMortum Ore（以下モータム鉱石）が生成されます。ツルハシで掘ることによりMortum Fragments（以下モータムフラグメンツ）が入手できます。

07 モータムブロック

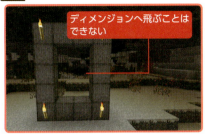

モータムフラグメンツを9個クラフトするとMorthm Block（以下モータムブロック）が入手できますが、今までと違いディメンジョンへ飛ぶポータルなどは作れません。

HINT ポータルのサイズは2×3

ポータルのサイズはネザーゲートのように大きくはできず2×3と決まっています。なのであえてサイズを変え青い炎を楽しんだり装飾に利用するのもおすすめです。

SECTION 02 美しい黄昏の森で生活しよう

美しくもどこか不気味な森「The Twilight Forest（黄昏の森）」ディメンションが追加されるMODです。森に対して抱くような幻想が、そのまま具現化したような世界が続きます。

MOD名	The Twilight Forest
URL	https://www.curseforge.com/minecraft/mc-mods/the-twilight-forest
バージョン	1.12.2
前提MOD	Forge 1.12.2

The Twilight Forestを知ろう

01 幻想的な森が続く

The Twilight Forest（以下、黄昏の森）は森をテーマにしたMODで、どこまでも美しい森が続きます。なお、今回は幻想的な森の雰囲気を引き立たせるために、別のMODである「OptiFine」も使用しています。OptiFineについては、本書の特別袋綴じを参照してください。

②枠の上に自然物を好きなように並べる
③水で満たしてダイヤモンドを投げ込む
①枠を土系ブロックで作る

02 ポータルで移動

黄昏の森へはポータルを介して移動します。ポータルは4×4ブロックの枠を土系のブロックで作ります①。ポドゾルや粗い土も使えます。枠の上には花や苗木、葉ブロックやキノコなど自然物を好きなように置きます②。水入りバケツを使って枠内を水で満たし、ダイヤモンドを投げ込むと開通します③。

03 地上は割と穏やか

森の中はうっそうとして暗く、見通しが悪いですが特別なダンジョンやバイオーム以外でモンスターは出ません。まずは安全な地上をゆっくりと探索してみましょう。きっとたくさんの発見があるでしょう。冒険が好きでない方はこのまま生活を楽しむのもよいでしょう。

Wild Deer（以下鹿）

04 50種以上の生物たち

黄昏の森には、動物や敵対するモンスターを含めて50種類以上の生物が追加されます。どの生物も個性的で見ていて飽きませんので、あちこち探し歩いてみましょう。可愛い生き物や恐ろしい生き物などがたくさん見つかるはずです。

氷河にはPenguin（以下ペンギン）がいる

05 凶悪なボスモンスター

黄昏の森にはRPG要素も含まれており、タワーや地下迷宮などのダンジョンがいくつも生成されます。最奥には凶暴で手ごわいボスモンスターが待ち受けています。冒険が好きな方は各地にいるボスモンスターを討伐して回るとより楽しめるでしょう。

Twilight Lich（以下トワイライトリッチ）

便利で強力な追加アイテム

01 3種類の便利な地図

顔のアイコンはボスのいるダンジョン

追加アイテムの中で使用頻度が多くなるのが3種類の魔法の地図です。バイオームごとに区切ってダンジョンの位置を表示してくれる魔法の地図（地上）のほかに、地下迷宮のマッピングをしてくれる魔法の地図（迷宮）、鉱石の分布を表示してくれる魔法の地図（迷宮／鉱石）の3種類がありとても便利です。

02 面白い道具が多い

巨人のツルハシ

雲の上に生息する巨人を倒すと、通常の何倍もの大きさの巨人のツルハシを落とします。このツルハシは掘ったブロックの周りも崩してくれる便利な道具で、あるダンジョンでは先に進むためのキーアイテムにもなります。

03 便利な武器もある

右クリックで鉄球発射

武器や防具も便利で強力なアイテムが追加されます。中でもモーニングスターは便利で変わっています。手に持った状態で右クリックすると鉄球が飛んでいきます。遠距離攻撃武器として使えるだけでなく、射線上にあるブロックを破壊する変わった性能を持っています。

特徴的なバイオーム

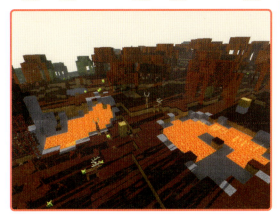

01 専用バイオームが追加

バイオームの境目になる小さなものを含め、約20種類のバイオームがあります。灼熱の沼や吹雪の止まない氷河、超巨大キノコの森、茨の森など、どれも特徴的です。全て見つけられるでしょうか？

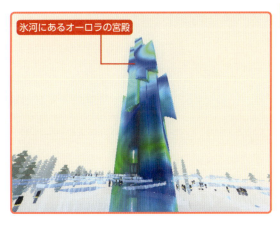

氷河にあるオーロラの宮殿

02 難攻不落のダンジョン

1つのバイオームに1つ以上のダンジョンが生成されます。タワー型や神殿跡地の遺跡のようなもの、地下迷宮型などいろいろなものがあります。建築物としても面白いのでぜひ探してみてください。

焼け沼のボスであるHydra（以下ヒドラ）。戦闘中に首が増えていく

03 ボスのパターンを掴め

ダンジョンのボスは戦闘が苦手な方にとっては、倒すのがかなり大変です。大抵の場合、行動パターンによる弱点がありますので、良く観察し対策を練ることで倒しやすくなります。

黄昏の森を楽しみつくす

01 バイオームに入る手順

焼け沼では体が燃える！

全てのバイオームに最初から入れるわけではありません。中には厳しい環境でプレイヤーを拒むものもあります。そういったバイオームは入るとデバフ（ステータス異常）を受けます。デバフ無しで入るには特定の条件を満たす必要があります。

02 条件を満たす①

順番に行動範囲が広がる

黄昏の森専用の実績が追加され、解除することで条件を満たしたことになります。基本的に特定のボスを倒し、ドロップアイテムを拾うことで解除されます。焼け沼の場合は周りにある普通の沼の地下迷宮にいるボスを倒しましょう。

03 条件を満たす②

焼け沼に入るために倒すべきボス「ミノッシュルーム」

地下迷宮を探し出し、探索していきましょう。道中にはMinoshiroom（以下ミノッシュルーム）のような敵対的なモンスターが出現します。チェストには貴重な品が入っていますので忘れず回収しましょう。頑張って奥まで進み、ボスモンスターを討伐しましょう。これで焼け沼に入ることができます。

条件を満たすまで結界で入れない

04 結界で守られた場所

氷河のオーロラの宮殿は条件を満たすまで結界で守られ、侵入できません。また、吹雪によるデバフで移動速度が著しく低下します。この場合も同じように周囲のバイオームにいるボスモンスターを倒してドロップアイテムを拾いましょう。

アルファイエティ

05 結界を解除する

オーロラの宮殿に入るためには、雪の森にいるAlpha Yeti（以下アルファイエティ）を倒して毛皮を拾いましょう。このように条件となるボスを倒し、順番に進むことで行動可能範囲が広がるということを覚えておきましょう。

HINT 今後も拡充していく

まれに最後の城と呼ばれるダンジョンが生成されます。これはまだ内部が実装されておらず、特に何もありません。今後追加されるようなので楽しみに待ちましょう。これからも黄昏の森は進化し続けるようです。

CHAPTER 5 ワールド系MODで遊ぼう！

SECTION 03 雲の上の世界へようこそ！

雲の上に浮かぶ天界をモチーフにした「エーテル」ディメンションを追加できるMODです。淡い色合いの神秘的な場所ですが、凶悪なモンスターがいる甘くない世界です。

MOD名	The Aether 2
URL	https://minecraft.curseforge.com/projects/the-aether-ii
バージョン	1.7.10
前提MOD	forge 1.7.10-10.13.4.1558 Gilded Games Util 1.7.10-1.3.2

The Aether 2の世界を知ろう

日本語に対応している

01 タイトルが変わる

導入に成功していると、タイトル画面が専用のものに差し替えられ雰囲気づくりに一役買っています。最初は英語ですが、設定から日本語に変更できます。海外のMODにはなかなかない親切設計です。

落ちると地面まで真っ逆さま

02 雲の上の世界

眼下に雲が広がる大小さまざまな浮島のある世界に行くことができます。見た目通りかなり高い位置にあり、浮島から足を滑らせて落下すると、地表ワールドの高度限界辺りから地面に叩きつけられます。そうなればもちろん助かりません。

03 装備が充実している

お供を連れて歩ける

雲の上＝天国というイメージとは裏腹に、出現するモンスターは凶悪です。対抗するためにさまざまな装備品が用意されています。ステータス強化ができる指輪やネックレスのほかに、旅を支援してくれるペットを連れていけるので心強いです。

天界に行ってみよう

01 天界へのゲート

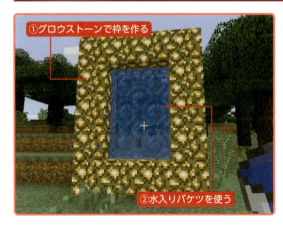
①グロウストーンで枠を作る
②水入りバケツを使う

ゲートをくぐると、エーテルへ行くことができます。ゲートはグロウストーンを縦5×横4ブロックの枠状にし①、枠内に水入りバケツを使うことで②、開通します。

02 天界の雲には乗れる

紫色の雲

白い雲

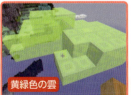
黄緑色の雲

水色の雲

エーテルの雲には乗ることができます。色が数種あり、それぞれ乗ったときに違う反応があります。白のときは上を歩けます。水色はトランポリンのように跳ねることができ、紫色は風の吹く方に飛ばされ、黄緑色は乗るとはじかれます。特徴を把握して浮島間の移動手段として活用しましょう。

天界の不思議な生き物たち

モア
まれに卵を産み落とす

01 巨鳥モアを育てる①

エーテルには飛べない巨鳥「モア」が生息しています。野生の彼らを懐かせることはできませんが、産み落とした卵を育てることで背中に乗ることができるようになります。落下するときにゆっくりと滑空するので、遠くまで行けるようになります。

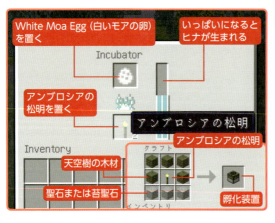

White Moa Egg（白いモアの卵）を置く
いっぱいになるとヒナが生まれる
アンブロシアの松明を置く
アンブロシアの松明
天空樹の木材
聖石または苔聖石
孵化装置

02 巨鳥モアを育てる②

運よく卵が拾えたら、孵化装置を作って置いてみましょう。下の枠にはエーテルでの光源であるアンブロシアの松明を置いて卵を温めてあげます。
青いゲージがいっぱいになるとモアのヒナが孵ります。大事に育てましょう。

エーコルの花弁

03 巨鳥モアを育てる③

生まれたヒナには餌をあげましょう。一定時間ごとに「Hungry」と表示されますので、エーコルの花弁を与えます。生まれた色ごとに成長に必要な給餌回数が異なり、手がかかる方が役立つ成鳥になります。

04 餌の入手法

エーコルフラワー
天空樹のバケツでエーコルフラワーを右クリックすると毒液を採取可能

花のようなモンスター「エーコルフラワー」を倒すと、餌となる紫色の花びらを落とします。動きませんが、毒矢で反撃してくるので注意しましょう。
天空樹のバケツを使うことで、武器に加工できる毒液を採取することも可能です。

05 モアに乗って空の旅

多段ジャンプができる数
サドルを付けて乗る

モアが大きく育ったら、サドルを付けて乗ってみましょう。画面上部に羽根のマークがありますね。羽根の個数分だけ多段ジャンプができますのでより高いところに登ることができます。前述したとおり、滑空するのでほかの浮島へどんどん渡っていきましょう。

HINT 羽根の生えた豚?

エーテルの生き物たちの中には、地上の生き物と似たものもいます。羽根が生えた翼豚や翼牛に、フワフワ跳ねる雲ウサギなどです。翼豚や翼牛にもサドルを付けられますので、どうなるか乗って試してみましょう。雲ウサギを右クリックすると……?

サドルを付けて翼豚に乗ると……?

CHAPTER 5 ワールド系MODで遊ぼう!

手ごわいダンジョン

ダンジョン

01 ランダムで作られる

エーテルには手ごわいモンスターのいるダンジョンがあります。幻想的な雰囲気の中に、無機質な石の塔があるのですぐにわかるでしょう。ランダムで生成され、まれに2つ並んでいることもあります。中では貴重なお宝が手に入ります。

①右クリック
②クリック

02 準備を忘れずに

塔の根元にある物体を右クリックすると内部に侵入できます①②。出入りは自由にできますが、敵の数がとにかく多いので準備を怠らずに入りましょう。
迷路のように入り組んでいるので持久戦になります。

03 まず中ボスを倒す

ダンジョンは、迷路を進み、3体の中ボスを倒し、最後にボスを倒すという流れになります。中ボスは、ほかの雑魚敵も混じる乱戦になりがちなので、無暗に突っ込まず、できるだけ湧きつぶしをするようにしましょう。

04 ダンジョンの主に挑む

3体の中ボスを倒すと、ボスへのゲートが開きます。このボスは立方体の石のような外見で、ツルハシ系の道具で叩くまでは動きません。

まずは周囲を明るくし、準備を整えてから落ち着いて挑みましょう。

ボス戦中は閉じ込められる

05 実は弱い?!

ボスが動き出すと閉じ込められます。ボスは直線的に突進を繰り返しますので、周囲を回るようにかわしましょう。1対1で戦えるので、乱戦になる中ボスより楽に感じます。ツルハシの耐久力次第のところもあるので古い道具では戦わないようにしましょう。

06 撃破&お宝ゲット

見事ボスを撃破できると、大量のお宝がまき散らされます。武器や防具のほかに装飾品やペットの召喚アイテムなど、貴重な物をランダムで落とします。

ダンジョンはあちこちにあるので、攻略して装備を整えていきましょう。

CHAPTER 5 ワールド系MODで遊ぼう！

SECTION 04 たくさんの匠を倒そう!

匠Craftは100種以上の匠（クリーパーの愛称）を追加し楽しむことができます。バージョン1.7の頃にリリースされ、1.12.2に至る現在も開発され続けている珍しいMODです。執筆時点で160種の匠が確認されています。

MOD名	匠Craft
URL	https://www.tntmodders.com/takumicraft/#Craft
バージョン	1.12.2（β版）
前提MOD	Forge 1.12.2用 2705以上

匠Craftについて知ろう

01 160種の匠が追加される

匠Craftはとても息の長いMODです。本書執筆現在でも開発（アップデートも含む）が進められており、日々新たな匠が生み出されています。倒した匠は記録され、「I」キーで匠の書（図鑑）を紐解くことができます。図鑑に載っていない匠もいるとかいないとか。

叩くと大爆発　　大爆発にも耐えられる

02 匠の追加だけではない

多数の匠が追加されるだけではありません。匠の爆発に耐えうる固いブロックや、叩くとすさまじい爆発を起こすブロック、新たな素材やレシピ、装備なども追加されます。

03 実験してみる

試しに大爆発するブロック「匠式高性能爆弾」を叩いてみました。見事に地面はえぐれましたが、右側の「匠式硬質鋼」は耐え抜いています。爆発が日常茶飯事のこの世界で生き抜くために、回避策を覚えていきましょう。

04 生き抜くすべもある

匠になりきることのできる、コスプレ装備も追加されます。爆発耐性の高い盾や、特定の敵種に効果の高い武器などもあり、知恵しだいでかろうじて生き抜くことができるバランスになっています。

05 匠の世界を堪能しよう

夜になると四方八方からさまざまな匠が押し寄せてきます。丸腰では5分と持たないでしょう。これから、生き抜いていくための方法を模索していきます。新しいアクションRPGの世界のようにしてくれるこのMODで目一杯楽しみましょう。

追加される匠たち

匠Craftのシンボル的キャラ、スライム匠

01 大きく3つに分けられる

追加される総勢160種にも及ぶ匠たちは、下位、中位、上位の3種に分けられています。下位は比較的弱く（と言っても丸腰では即死級）、中位はクセが強くなり、上位になるともはや勝てる人がいるのか疑問なレベルです。

牛匠 / 馬匠 / 豚匠

02 下位の匠たち

下位の匠たちは動きがゆっくりな者が多く落ち着いて対処すれば大丈夫でしょう。見た目もほとんどがちょっと変わっているかなという程度です。しかし、爆発するとマグマを垂れ流す種類がいたりしますので油断してはいけません。

HINT うまく扱おう

中にはチェストに化けている匠もいます。チェスト内には貴重なアイテムが入っていますが、爆発します。しかし、倒すとダイヤ30個を落とす美味しい匠でもあります。下手に刺激せず倒してしまいましょう。こういった役立つ匠を利用するのが生き残るコツです。

チェスト匠

03 中位の匠たち

中位に分類される匠たちになると、個性的な見た目、特殊能力を持った者が増えます。

左の大砲匠は弾を打ってきますし、中央の大地ノ匠は爆発すると地形が隆起します。右はムダにでかい匠大魚です。ほかにも家を建てる匠やウィルスをまき散らす匠など、飽きることがありません。

04 上位の匠たち

上位の匠になると、見た目も能力もケタ外れです。まともに戦っても勝ち目がありません。装備を整え、しっかりと準備をし、プレイヤースキルを磨いて挑戦しましょう。それでも勝てるとは限りませんが……。

HINT ときどき募集している

MOD作成者の方がフォーラムで、ときどき匠やブロックなどのアイデアを募集していることがあります。たまに更新状況をチェックして応募してみましょう。採用されればアップデートで追加されていくようです。

採用された匠たち

CHAPTER 5 ワールド系MODで遊ぼう！

匠ワールドに行く準備をしよう

01 匠ワールドって？

匠Craftを導入すると、新ディメンション「匠ワールド」が追加されます。専用バイオームがあり、常に薄暗く不気味な雰囲気です。匠がウヨウヨおり、人が足を踏み入れるべき場所ではないと言われています。匠ワールドを目指しながら進めていきましょう。

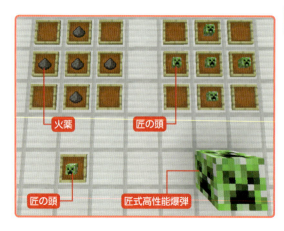

火薬　匠の頭　匠の頭　匠式高性能爆弾

02 匠の基本素材

まず大量に必要になる素材を知っておきましょう。火薬5個から匠の頭がクラフトできます。この匠の頭を5個を十字に並べると、匠式高性能爆弾になります。この爆弾は色々な場面で使いますので覚えておきましょう。

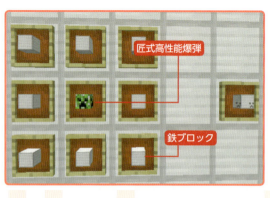

匠式高性能爆弾　鉄ブロック

03 爆発から身を守る

冒頭で紹介した、耐爆発性の高い匠式硬質鋼のレシピを知っておきましょう。手順02の爆弾を真ん中に、周囲を鉄ブロックで囲めば完成です。ただ、鉄をたくさん集めるのは面倒です。そんなときは匠を利用しましょう。

匠式硬質鋼をまき散らす匠

04 匠を利用する

運悪くやられてしまっても諦めがつくように準備をしたら、思い切って外に飛び出してみましょう。白いオブジェ匠を探して爆発させれば、一気に大量の匠式硬質鋼を入手できます。こういった匠の利用法を覚えていきましょう。

05 オブジェ匠が爆発すると

オブジェ匠が爆発すると、周囲に匠式硬質鋼のオブジェが現れます。このオブジェを逆に改造して、利用してしまいましょう。これであっという間に安全な拠点が作れます。

06 まずは拠点づくり

運よくオブジェ匠に出会うことができました。危険な世界なのでオシャレさのことは後回しにして、さっさと内部をくり抜いて拠点にしてしまいましょう。

07 鉄以上のツルハシで

匠式硬質鋼は鉄以上のツルハシで崩さないと消えてしまうので注意してください。床下からの爆発にも注意が必要ですので、しっかりと床面にも敷き詰めておきましょう。荷物を置くくらいのスペースは確保されたはずです。

石のツルハシだと消えるので注意

08 ダイヤモンドとエメラルドを集める

一晩中匠との攻防を繰り広げた結果、拠点周辺がぐちゃぐちゃになっています。それでも拠点自体は無事でした。ここから匠ワールドを目指すためにダイヤモンドとエメラルドを集める必要があります。

激戦の後

09 匠ワールドへ行く条件

匠ワールドへ行くためには、まず王匠と言う上位匠を倒し、王匠の証を入手しなければなりません。王匠は任意のタイミングで召喚できます。匠式高性能爆弾の上に王匠の祭壇を置き、右クリックで召喚します①〜④。

③右クリック
②王匠の祭壇を設置
①匠式高性能爆弾を設置
④王匠が召喚

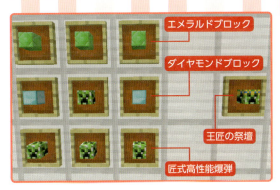

10 王匠の祭壇のレシピ

王匠の祭壇のレシピは、匠式高性能爆弾4個にダイヤブロック2個、エメラルドブロックが3個も必要です。サバイバルでこれだけの量を集めるのはかなり大変です。

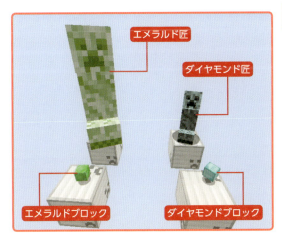

11 ブロックを落とす匠もいる

エメラルドやダイヤモンドのブロックは入手方法が限られているので、なかなか手に入りません。P.232のチェスト匠以外にも、エメラルドブロックを落とすエメラルド匠、ダイヤブロックを落とすダイヤモンド匠もいますので、採掘の際探してみるのもいいでしょう。

HINT トラップタワーを作ろう

匠たちとの戦闘はまさに壮絶です。少しでも危険を避けるためにトラップタワーでアイテムを集めるのも方法として考慮してみましょう。ただ、ある程度のダメージで「巨匠化」と呼ばれる強化状態になり、周りのブロックを破壊する匠もいます。危険なのには変わりありません。

落下の衝撃で爆発し壊れたトラップタワー

追加アイテムを知ろう

間違えて爆弾を置いてしまった

01 爆弾を除去するには

家の中にいるときに、誤って爆弾を置いてしまうこともあるでしょう。大切な貴重品の入ったチェストの横だった場合は悲惨です。そんなときは追加要素の「地雷除去」効果の付いた対地雷ピッケルや対地雷ショベル、対地雷斧を使いましょう。

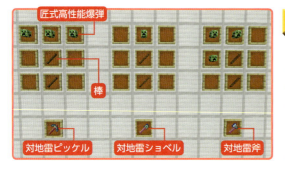

匠式高性能爆弾

棒

対地雷ピッケル　対地雷ショベル　対地雷斧

02 除去アイテムのレシピ

地雷除去用の対地雷ピッケル、対地雷ショベル、対地雷斧は、普通の作成レシピの鉱石などを置く部分に匠式高性能爆弾を置くことでクラフト可能です。最初から地雷除去機能が付いていますので、爆発させることなく安全に取り除けます。

HINT 色々な高性能爆弾

匠たちが落とすアイテムの中には、その匠に対応した高性能爆弾が数種類あります。花火を打ち上げる程度のかわいいものから、豆腐建築を行った後にTNTをぶちまけるもの、爆発範囲を芸術的に飾るものまでさまざまです。注意しながら楽しみましょう。

地雷除去効果アイテムで除去

03 実際に除去する

それでは、実際に爆弾を除去してみましょう。除去は簡単です。各種除去効果の付いたアイテムを持っていつものように左クリックするだけです。ご覧のように大爆発させることなく崩すことができました。

爆弾除去完了

04 無事に除去完了

ご覧のように爆弾がアイテム化し、無事に爆弾処理が完了しました。匠式高性能爆弾以外に、ほかの匠が落とす爆弾もありますが、同じ方法で爆弾処理が可能です。ただ、アイテム化せず消えるものもあります。

CHAPTER 5 ワールド系MODで遊ぼう！

HINT 植林場問題

匠Craftを導入して長く遊んでいるといずれ直面するのが木材の不足でしょう。爆発炎上に巻き込まれ、ろくに苗も取れず木が消滅していきます。後悔する前に植林場は守り抜くように工夫しましょう。

外の植林場は非常に危険

匠が落とす素材を活用しよう

01 匠は素材を落とす

匠たちを蹴散らしていると、まれに匠の顔模様の鉱石のようなものを落とします。これは匠素結晶と呼ばれ武器の製造に利用することができます。見つかる確率が低くなかなか手に入らないので、もし見つけたらしっかりと保管しておきましょう。

無属性の匠素結晶／匠素結晶[草]／匠素結晶[炎]／匠素結晶[水]／5種の属性がある／匠素結晶[地]／匠素結晶[風]

02 武器作成に使う

匠素結晶は無属性のほかに、火、水、風、草、地の5種類があります。無属性を真ん中に置き、周囲を各属性の素結晶で囲むと、属性ごとの武器をクラフトできるようになります。

匠を吹き飛ばす／匠式地大槌

03 武器に特殊効果がある

各属性の武器にはそれぞれ特殊な効果が付いています。地属性の匠式地大槌は攻撃がヒットした際に爆発が起こり匠を吹き飛ばします。炎属性は燃やして吹き飛ばし、風属性は直線的に突進するなど個性的です。うまく使いこなしましょう。

04 究極の武器

5元素の武器を合成することで、幻の究極武器「匠式極光剣」を入手できます。真ん中に使われるのは匠結晶と呼ばれる素材ですが、王匠を倒した証が必要で、入手が相当困難です。手に入れられる頃には匠Craftマスターになれています。

05 弓を落とす匠もいる

スケルトン匠を倒すと、まれに「匠式強弓」を落とします。弓のほかに矢も落とします。矢は6種類追加されます。もちろん爆発する矢です。スケルトン匠は遠距離から矢で攻撃してくるうえ、近づくと自爆する厄介な敵です。

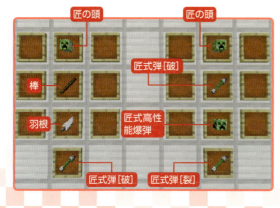

06 矢は作成可能

匠式の矢はスケルトン匠が落とすものを拾う以外に、作成も可能です。代表的で低コストなものを見てみましょう。左の匠式弾［破］は棒と羽、匠の頭で作れます。右の匠式弾［裂］は、匠式弾［破］の上に匠の頭、匠式弾［破］の下に匠式高性能爆弾で作れます。

07 匠式弾[破]以外は別の武器で

匠式弾[破]は地形破壊のない爆発を起こす

矢は6種類あると紹介しましたが、匠式強弓で真価を発揮するのは匠式弾[破]のみです。それ以外はただ刺さるだけになってしまいます。ではほかの匠式弾はどのように使えばよいのでしょうか？

08 入手困難な弩（クロスボウ）を探す

ジャイアント匠
まれにドロップする匠式弩砲
普通サイズの匠

匠式弾の真価を発揮するためには、匠式弩砲が必要です。弩は貴重で、ジャイアント匠がまれに落とします。頑張って手に入れればすさまじい威力の遠距離攻撃ができるようになります。

09 すさまじい威力

試しに最強の匠式弾[爆]を撃ってみましょう。ご覧のように進行方向のあらゆるものを消し去りながら飛んでいきます。あれだけ鬱陶しかった匠たちも蹴散らしてくれます。

王匠を倒して匠ワールドへ

01 王匠を呼び出す

王匠を召喚する方法はP.236で紹介しました。ここから王匠を倒しましょう。王匠は頻繁に広範囲の爆発を繰り返します。倒す頃には岩盤まで到達しますので、いっそのこと岩盤付近で召喚しましょう。

1回でこの程度のダメージ

02 特攻あるのみ

ダイヤモンドの剣で特攻をかけても一回当たりほんの少ししかダメージを与えられません。ダイヤモンドの防具も王匠の前では紙きれ同然です。それならダイヤモンドを武器に回し、ひたすら突っ込みましょう。

半分まで自動回復する

03 たたみかける

王匠はHPが半分を切ると、半分までHPが自動回復するようになっています。間隔をあけるわけにはいかないのでたたみかけましょう。ダイヤの剣は50本位は欲しいところです。時間をかけると見失いやすいので、短期決戦を心がけましょう。

04 遂に撃破

王匠との文字通り死闘を繰り広げ、撃破に成功しました。撃破時に王匠の証をドロップします（しない場合もあります）。この王匠の証があれば匠ポータルキットが作成でき、いよいよ匠ワールドへ行くことができます。

05 匠ポータルキット

左の匠ポータルキットは王匠の証と、エメラルド、鉄インゴット各1個で作れます。右の匠ポータルフレームは匠式高性能爆弾の周りをエメラルドブロックで囲みます。こちらはゲートを出現させるための枠に使用します。必要な数はネザーゲートと同じです。

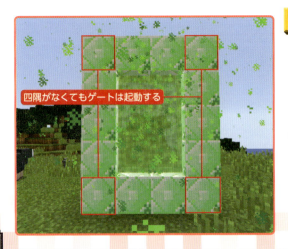

06 いざ！匠ワールドへ

ネザーゲートを作る要領で匠ポータルフレームを横4ブロック×縦5ブロックに並べ、匠ポータルキットを使用するとゲートが出現します。四隅の部分はなくても起動できますので、節約家の方は省きましょう。

めくるめく匠の世界へようこそ

01 ほかでは見られない世界

冒頭でも触れましたが、匠ワールドバイオームがあります。石柱群や温泉、匠水の海など実に個性的です。ココでしか手に入らないブロックだらけですので、持ち帰って遊んでみましょう。

02 常に真っ暗闇

匠ワールドは常に夜で真っ暗闇に包まれています。決して明るくなることはなく、松明もすぐ爆発で消されるので、暗視ポーションを量産できるように準備しましょう。

三頭匠

03 気味の悪い匠が多い

地表ではあまり見ない気味の悪い匠もウヨウヨいます。また、出現する匠が全て帯電する「巨匠化」しているのも特徴です。常に夜なので、安全地帯は存在しないと考えるべきでしょう。

浸かると徐々に体力が回復する

04 温泉が湧いている

殺伐とした世界ですが、唯一の救いは温泉が湧いていることです。地表では湯匠の爆発でしか見られず、貴重な資源です。温泉は輝いていて匠は嫌がりますし、浸かっていると体力が回復していきます。

05 一攫千金のチャンス!?

匠ワールドの地形はネザーに似ています。鉱石が固まって露出しているので鉱石が見つけやすくなっています。鉱石ブロックは匠ワールド独自のもので鉱石の出現量が多くなっています。一攫千金を狙いましょう。地雷除去効果がないと爆発しますので注意してください。

HINT アップデートに期待

ほかに、戦闘機のようなものも存在します。乗り込んで飛行できるのですが、ほかに何かできるわけではなく、視点がおかしくなるなどの問題があります。今後のアップデートで何かできるようになるかもしれませんので、期待して待ってみましょう。

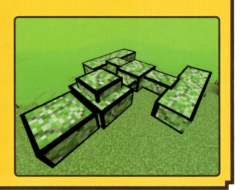

充実の旧バージョンがある

超高難易度の匠タワー

01 旧バージョンで遊ぼう

今まで紹介してきたのは1.12.2用のバージョンですが、まだβ版という扱いで、開発中です。旧バージョンの1.7.10用はさらに完成度が高く、機能も豊富です。特に違うのが、匠ワールドに攻略不可レベルの高難易度「匠タワー」なるものが存在するところです。

02 岩盤付近から侵入

匠タワーは5本の柱でできています。まず真ん中の岩盤付近から侵入し、高度限界付近にある広場まで登りましょう。地獄のような猛攻を受けますので、準備はいくらしてもやりすぎということはないでしょう。

03 ほかの塔を降りる

真ん中の塔を登り切ると、王の間の雰囲気がある広間にたどり着きます。ここから外側のほかの塔を降りていきます。床をよく探すと、下に降りることのできる階段がありますので探してみてください。

04 また岩盤まで降りる

道中には登って来たときと同様、実にさまざまな仕掛けがあります。水で満たされた烏賊匠だらけの部屋や粉塵まみれの部屋など、仕掛けだらけなうえにひたすら匠が湧き続ける、まさに地獄と呼ぶにふさわしいタワーです。

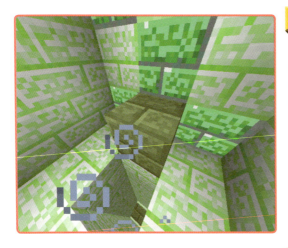

05 塔の底の仕掛けを動かす

塔の最下部には、侵入したときと同様の匠像が置かれています。この像の頭の中に紫色のブロックがあり、右クリックすると色が変わります。これで仕掛けが動きました。ほかの3つの塔も同様に動かしてみましょう。

06 最後の匠

4つの仕掛けを動かすと広場から屋根に上がることができます。そこで待ち受けているのは匠タワーの主「匠龍」です。はたしてこの龍を討伐することはできるのでしょうか。さらにこの龍を倒すと……。

CHAPTER 6

動物系
MODで
遊ぼう！

SECTION 01 かわいいデブネコをお世話しよう

デブネコを育てるMODは、愛らしいデブネコが追加されるMODです。ネコが体調を崩さないよう、上手に育て、どんどん大きく成長させましょう！

MOD名	デブネコを育てるMOD
URL	https://github.com/firis-games/FatCatModUnofficial/releases/tag/mc1.12.2-ver1.0.3a
バージョン	1.12.2
前提MOD	Forge 1.12.2-14.23.5.2768

ネコを飼おう

01 釣りをする

ネコは自然にはスポーンしません。ネコを育てるには、まずはデブ猫たまごを入手します。釣り上げることができますが、確率が低いので、根気よく釣りをします。入れ食いや宝釣りも有効なので、事前にエンチャントしておきます。

02 ネコを湧かせる

安全な場所で、デブ猫たまごを持って床を右クリックして、ネコをスポーンさせます。ネコの模様はたくさんあるので、複数のネコを飼っても良いかもしれません。湧かせたばかりの友好度の低いネコはプレイヤーを攻撃してくることがあるため、死なないように注意してください。

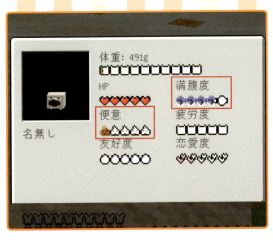

03 ステータスを確認する

何も持っていない状態でネコを右クリックすると、ネコのステータスが表示されます。普段気をつけないといけないステータスは、満腹度と便意です。満腹度は高く、便意は低くなるようにお世話しましょう。

04 ご飯をあげる

ネコは時間経過や運動でおなかを空かせます。おなかが空いているネコは、食べ物をドロップさせておくと、ぱくぱく食べていきます。餓死しそうになるとどんなアイテムでも飲み込んでしまうので、おなかを空かせすぎないよう、くれぐれも注意してください。

05 砂を敷く

ネコはご飯を食べると、便意が高くなります。砂をネコの近くに置いておくと、ネコがデブ猫うんこを出します。出したばかりのうんこはホカホカで、ネコの疲労度を上げてしまうため、すぐ拾ってしまいましょう。デブ猫うんこは骨粉の代わりとして使うことができます。

ネコと仲良くなろう

01 散歩させる

友好度が高くないときでも、リードを使ってネコを散歩させることができます。一緒に散歩することで、友好度を上げることができます。また、ネコと離れていると友好度が下がっていってしまうため、遠出する際には、一緒に連れて行ってあげるのも良いですね。

02 ブラッシングする

ネコと仲良くなるため、ブラシを作ります。棒3個と干草の俵2個をクラフトすると、猫用ブラシが作れます。
猫用ブラシを持ってネコを右クリックすると、ネコが横になってつくろぎます。何度も右クリックして、綺麗にしてあげましょう。ブラッシングしていると、まれに毛玉をドロップします。

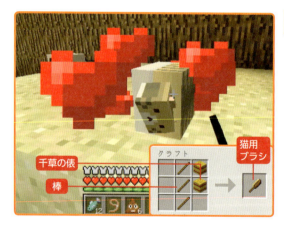

03 猫じゃらしで遊ぶ

ネコとの遊び道具の定番、猫じゃらしを作りましょう。棒1個と毛玉2個をクラフトすると、猫じゃらしが作れます。
猫じゃらしを手に持って、右クリックで振っていると、ネコが時折、勢いよく向かってきます。ネコを避けつつ、猫じゃらしを振り続け、ネコと遊んであげましょう。

ネコを観察しよう

01 普段の仕草を見る

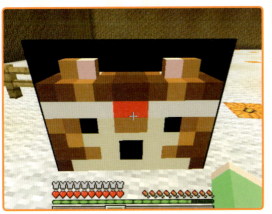

ネコの表情をよく見てみましょう。鳴く際に小さく口が開きます。また、時折まばたきをします。また、プレイヤーがご飯を持っていると、オオカミと同じように首を傾げる仕草をします。

02 眠っている様子を見る

猫じゃらしなどで運動させ、寝る様子を見てみましょう。疲労度が貯まると、眠たそうに目を閉じ、それから座り込みます。眠っている間は、寝息や、いびきのような音を出したりします。

03 トイレの様子を見る

短いので見るのが難しいですが、ネコがトイレをする表情も可愛らしいです。少し目をうるうるっとさせます。運動させるとおなかが早く減るので、いっぱいご飯をあげて、シャッターチャンスを狙いましょう！
ほかにも複数のネコを飼うと子猫が生まれたりします。色んなネコを飼って、癒されてください。

索引

アルファベット

- br ················· 108
- copy ················ 104
- cyl ················· 106
- fill ················ 107
- flip ················ 105
- FORGE ················ 9
- hcyl ················ 106
- hsphere ············· 107
- Just Enough Items ··· 142
- line ················ 107
- lua ·················· 41
- mask ················ 109
- MC Terrain Editor ··· 209
- MOD ··················· 8
- MODリスト ············ 18
- move ················ 113
- none ················ 113
- paste ··············· 104
- pos ················· 112
- programs ············· 39
- redo ················ 104
- rep ················· 111
- rotate ·············· 105
- set ················· 103
- sphere ·············· 106
- stack ··············· 113
- tree ················ 111
- UAV ················· 194
- undo ················ 104
- up ·················· 112
- worm ················· 40

あ行

- アズライトの森 ······ 214
- アップグレード ······ 148
- アドバンスドコンピューター ··· 39
- アドバンスドタートル ··· 52
- 運転 ················ 200
- エーテル ············ 225
- エスカレーター ······ 208
- 枝豆 ················ 124
- 王匠 ················ 236
- オーガイトの底 ······ 216
- オーロラの宮殿 ······ 223
- 温泉 ················ 246

か行

- 改札 ················ 208
- 階段 ················ 208
- 鏡 ·················· 135
- 家具 ················ 130
- 火力発電機 ··········· 24
- 観覧車 ··············· 84
- 儀式 ················· 61
- 絹ごし豆腐 ·········· 118
- 木の斧 ·············· 102
- キャメルバック ······ 172
- 繰り返し ············· 48
- グレードアップ ······· 58
- 券売機 ·············· 208
- 攻撃 ················ 181
- コースター ·········· 162
- ゴムの木 ············· 20

さ行

- ジェットコースター ·· 160
- 塩 ·················· 115
- 自動車 ·············· 196
- 樹液 ················· 21
- 呪文 ················· 74
- 条件 ················· 48
- 醤油 ················ 122
- 地雷除去 ············ 238
- 垂直ループ ·········· 178
- スキル ··············· 73
- 寿司 ················ 179
- ステータス ······ 151, 251

ずんだ	124
戦車	196,210
戦闘機	210
線路	201
操縦	181
ソーラーファーム	30

た行

大豆	114
ダイヤモンド	29
匠	230
匠式高性能爆弾	234
匠タワー	247
匠龍	248
匠ワールド	234
弾薬	183
地図	220
血の祭壇	56
抽出機	22
釣り	250
ディスクドライブ	44
デブ猫たまご	250
電車	200
電線	34
トイレ	253
豆腐	114
透明レール	176
トーフワールド	126
ドラバイトヒルズ	212

な行

にがり	115
猫じゃらし	252
燃料	183

は行

バージョン	9
爆弾	155
バスケット	94
範囲選択	102
秘技大全	72

飛行機	180
飛行船	140
武器	198
船	198
踏切	205
ブラッシング	252
ブロックID	103
分岐	201
ヘリコプター	180
ポータル	218

ま行

マーカー	201
魔法使い	68
魔法の杖	66
魔法の本	68
魔法レベル	81
ミスリルの山	216
味噌	122
モア	226
モード変更	181
モジュール	154
木綿豆腐	119

や行

焼き豆腐	119
ユバイトの島	215

ら行

レール	161
レッドストーン動力	42
連結	203
レンチ	166

著者プロフィール

赤石愛（あかいしあい）
主にニコニコ動画や配布ワールド制作などで活躍しているマインクラフター。レッドストーン回路に関して高いレベルの知識を持っている。

くりゅ
主にニコニコ動画で活躍しているお城建築で著名なマインクラフター。作品の質の高さ、規模の大きさともに定評がある。

合同会社アイスベアー
マインクラフトでプログラミングが学べる教材などを作成しているマインクラフター。

ししゃも
主にブログで活躍するマインクラフター。マインクラフト上でぶっこ村という観光村を作り、日々発展させている。

装丁デザイン	加藤 陽子
本文デザイン	リブロワークス デザイン室
編集・DTP	リブロワークス
執筆協力	久保 真理子

もっとあそびつくそう！
マインクラフト MOD（モッド） わくわくガイド

2019 年 4 月 5 日　初版第 1 刷発行
2022 年 4 月 5 日　初版第 3 刷発行

著　　　者	赤石 愛（あかいし あい）、くりゅ、合同会社アイスベアー（ごうどうがいしゃ）、ししゃも
発 行 人	佐々木 幹夫
発 行 所	株式会社翔泳社（https://www.shoeisha.co.jp）
印刷・製本	株式会社広済堂ネクスト

©2019 AKAISHI AI , KURYU , Icebear LLC , SHISHAMO

＊本書は著作権法上の保護を受けています。本書の一部または全部について（ソフトウェアおよびプログラムを含む）、株式会社翔泳社から文書による許諾を得ずに、いかなる方法においても無断で複写、複製することを禁じます。

＊落丁・乱丁はお取り替えいたしますので、03-5362-3705までご連絡ください。
＊本書の内容に関するお問い合わせについては、本書 6 ページ記載のガイドラインに従った方法でお願いします。

ISBN978-4-7981-4748-2　　Printed in Japan